「話し方のベストセラー100冊」
のポイントを1冊にまとめてみた

这样说话就对了:
40个实用沟通技巧

[日] 藤吉丰 小川真理子 著
夏言 译

四川文艺出版社

果麦文化 出品

前 言

《这样说话就对了：40个实用沟通技巧》**汇聚了100本口才、演讲、沟通类畅销书的精华。**

本书贯彻的理念是：将主讲人、记者、播音员、评论员、演讲名家、名企业家等一流口才大师的"讲话技巧"汇于一册。帮助读者按重要性顺序，掌握为各类专业演讲者所看重的诀窍。

将"口语"或者"口头交流"领域内专业人士通用的技巧，进行提炼并排序。

在创作本书的过程中，作者藤吉丰和小川真理子精读了100本说话方法类的畅销书，结果发现，无论是讲话有特点的名企业家、令人敬佩的商务人士，还是条理清晰的记者、富有感染力的人气主播，"会说话的人掌握的基本技巧，并没什么太大差别"。

这本书将会用大家容易掌握的方式，来介绍这些共通的技巧。

◆ 排序的依据

为了汇集众多专业演讲者看重的通用技巧，本书作者依次做了如下工作：

（1）采购100本以"口才""沟通"为主题的优质图书

包括日常谈话、商务洽谈、闲聊、汇报、沟通等方面的畅销书、长销书，选取标准参见本书"附录2"。

（2）提炼出每本书讲了哪些技巧

熟读图书，找出书中认为"这很重要"的技巧。

（3）列出通用技巧

将提炼出的技巧按相似性归类，并统计提到这一技巧的图书册数。比如：

- 提出"谈话时目光的位置"的书有×册。
- 提出"如何停顿"的书有×册。
- 提出"适合闲聊的话题"的书有×册。
- 提出"怎么提问"的书有×册。

（4）对这些技巧排序

将以上技巧按提及次数进行排序，次数越多越重要。

通过这个方法，我们得到了以下排名。

★★★ "口才、沟通"最重要的40个技巧！ ★★★

希望所有人都能掌握的7个基本原则	
第1位	说话要以"对方"为中心
第2位	表达顺序决定表达方式
第3位	说话要有张有弛
第4位	用"好问题"引出话头
第5位	善用"万能话题"，聊到停不下
第6位	"夸赞"是人际关系的润滑剂
第7位	保持眼神交流

让"口才""沟通能力"更上一层楼的13个要点	
第8位	说话要具体
第9位	"附和"与"点头"是"有共鸣的信号"
第10位	先道歉,后解释
第11位	越精简越好
第12位	说话时面带笑容
第13位	可以批评,但不要训斥
第14位	与长辈或上司说话要注意礼貌
第15位	沟通时要用明确、易懂的词
第16位	不说、不听、不参与坏话
第17位	加上肢体语言和手势
第18位	不要打断对方说话
第19位	讲话要主题集中
第20位	无论谈话还是汇报,关键在"开头"
获得信赖和好感的20个沟通秘诀	
第21位	一场演讲,"准备"占九成
第22位	良好的人际关系从打招呼开始
第23位	只要练习,谁都能擅长说话和沟通
第24位	善用比喻好理解
第25位	要"主动"自我表露
第26位	求人时要注意三点
第27位	与其道歉,不如道谢

第28位	表达能力与词汇量成正比
第29位	多用积极的表达方式
第30位	面对立场不同的人,更要表示尊重
第31位	用"事先准备"和"提高音量"克服紧张
第32位	姿态会改变印象,也会改变声音
第33位	演讲或发言时,带上备忘字条
第34位	多叫对方的名字
第35位	打电话也要面带"笑容"
第36位	重要的事要反复说
第37位	站哪里、坐哪里,距离会改变氛围
第38位	分开前,留下个好印象
第39位	拒绝时要坚决、明确
第40位	去掉"就是""那个"

◆ **排名的用法,以及全书结构**

从100本书中提取出的这40条重要技巧可以分成三部分。

• **第1—7位(第一部分)**

是众多作者都认为重要的七条技巧。这部分集合了所有人都应该遵循的基本规则,无论说话人与说话对象是什么关系。

只要注意这七条技巧,不管在何种场合,说话人都可以"准确、明了地表达想说的内容""正确地理解对方的话""与说话对象形成良好的关系"。

- **第8—20位（第二部分）**

是在理解了第1—7位之后，希望能进一步提高水平、磨炼口才所需的技巧。

- **第21—40位（第三部分）**

是连口才达人也需要精进甚至遇到障碍时需要掌握的技巧。建议在完成前20条后，再进入这部分。

本书作者藤吉丰、小川真理子在写作中不加入任何主观偏见，仅仅严肃、冷静、客观地将100本书中写到的共通技巧提炼出来，逐条逐点进行整理，并按重要性排序。

因为每条都是独立的，所以读者可以从任何一条开始看，每一条都能帮助读者进行系统性的理解。

◆ "通用技巧"指的是什么？

正如前面所说，本书所做的工作，就是注意"多本书中提到的通用技巧、法则或窍门"，然后重新整理。

比方说，如果很多书都提到了"说话时要看着对方的眼睛"，那么这就是多数专业人士认定的"通用技巧"。

- **通用技巧：**

指多数专业演讲者、口才大师所掌握的技巧。

"很多书都写到了同样的技巧"，就是因为"这很重要"。

100本书中只提到"一次"的技巧，要么是作者本人的独家技巧，要么就是"虽然那本书的作者觉得重要，但是别的作者并不觉得重要"。

另一方面，如果100本书里有70本都提到了某个技巧，显然这个技巧就非常重要。

因此我们认为：

"比起只提到一次的技巧，还是应该优先掌握被很多书讲过的技巧，这样更容易提高说话能力。"

"无论有没有直觉或天赋，只要掌握了这些通用技巧，任何人都能提高口才。"

◆ 本书的功能

本书的功能主要有如下九点。

①张嘴不紧张，说话有自信。

②想说的内容，都能准确地说出来。

③别人说的话，也能领会到其正确意思。

④无论遇到谁，都能聊得起劲。

⑤说话不得罪人。

⑥消除"不知道说什么好"的难题。

⑦做演讲或做展示时能带动听众的情绪。

⑧掌握讨人喜欢的说话方法。

⑨拥有一项傍身的技能。

第⑨点"傍身技能"可以跨越行业、岗位的界限，在任何工作场合应用。

好口才是所有职场人士梦寐以求的能力,不管时代和社会环境如何变化,在任何时候,任何地方,任何行业,这项技能都是非常有用的。因此,提升口才与发展事业也紧密相关。

◆ 本书的读者对象

本书为帮助大多数人提高说话能力而写成,对阅读者的职业、年龄、目的没有任何限制。书中讲的技巧可实践性高,任何人都很容易做到(容易模仿)。

- 在工作中,有汇报、联络、咨询、商务洽谈、演讲展示、电话销售等"说话"需求的职场人。
- 研讨会主讲、学校老师、演讲者、播音员、司仪、解说员等以公开演讲为职业的人。
- 希望能跟朋友、家人、亲戚、同事、上司、下属、客户、同好群友、邻居等更好地沟通的人。
- 在视频平台或播客平台做主播(或想做主播)的人。
- 需要口头汇报自己的论文、报告的学生。
- 希望提高自己在入学或入职时面试水平的人。

"口才类的书好多,真不知道该读哪本。"
"虽然买了提高口才的书,但作者太有个人特色,我学不来。"
"公开演讲是我的短板,所以我想学点基础知识。"
"我倒是挺擅长公开演讲,但还是想再巩固下基础。"

"我想确认下我的说话方式有没有问题。"
这本书就是希望给有这些烦恼、愿望、想法的人提供一点帮助。

文道株式会社

藤吉丰、小川真理子

目录

PART 1 最重要的"七条准则" 第 1—7 位

第 1 位
说话要以"对方"为中心   8

[1]"听"比"说"更重要   9
[2] 不要否定对方的观点   12
[3] 说对方需要的内容   14

第 2 位
表达顺序决定表达方式   16

[1] 先说"结论"   18
[2]"结论→理由"的"倒三角形模式"是基础   19
[3] 要想提高说服力,
就用"结论→理由→案例→结论"的"PREP法"   20

第 3 位
说话要有张有弛   23

[1] 让音量、音调富于变化   24
[2] 人前讲话,放慢语速   26
[3] 有意识地停顿   28
[4] 句尾要吐字清楚   29

第 4 位
用"好问题"引出话头   31

[1] 用"封闭式问题"确认事实   32
[2] 用"开放式问题"拓展话题   34
[3] 将问题具体化   38

第 5 位
善用"万能话题",聊到停不下   40

[1] 说这 12 个话题,自然会聊得火热   41
[2] 要警惕不适合闲聊的"禁忌话题"   45

第 6 位
"夸赞"是人际关系的润滑剂   48

[1] 夸赞要具体,带上"理由"   49
[2] 不只夸结果,也要夸过程   51
[3] 要"当众"表扬   53
[4] 并不是什么都可以拿来夸   53

第 7 位
保持眼神交流   56

[1] 对齐视线的"高度"   57
[2] 不要只盯着眼睛看   58
[3] 即使面对很多人发言,
    也要一个一个地做眼神交流   59

专题 | 口才好的名人排行榜   62

PART 2 说话高手的"13 个共通点"

第 8—20 位

第 8 位
说话要具体   67

[1] 列数字   69
[2] 加入专有名词   71
[3] 用"个人经验"引起共鸣,增强说服力   73

第 9 位
"附和"与"点头"是"有共鸣的信号"   76

[1] 表示兴趣,且充满感情   78
[2] 要说出"感叹词 + 惊讶的点"   79

第 10 位
先道歉,后解释   81

[1] 在解释和找理由前,先道歉   83
[2] 立刻道歉   85

第 11 位
越精简越好   87

[1] 删掉废话   88
[2] 养成"断句"的习惯   89

第 12 位
说话时面带笑容   91

[1] 笑容是可以练会的   93
[2] 给笑容加料,拉近与对方的距离   94
[3] 看情况选择要不要露出笑容   95

第 13 位
可以批评,但不要训斥   97

[1] 不要否定别人的人格   98
[2] 应该说"事实 + 需要改进之处 + 理由"   100
[3] 批评要带着"尊重"和"爱护"   102

第 14 位
与长辈或上司说话要注意礼貌   104

[1] 面对上司或长辈,要从"用词"开始注意礼貌   105
[2] 想提意见,也要先等对方说完   107
[3] 不要等被问了才做汇报   109
[4] 牢记"求教"的姿态   110

第 15 位
沟通时要用明确、易懂的词   112

[1] 术语要追加解释   113
[2] 同音异义词要换成更容易明白的词   115
[3] 要少用外文词   116

第 16 位
不说、不听、不参与坏话 119

[1] 不要附和坏话 120
[2] 尽量转移话题，或者离开 121

第 17 位
加上肢体语言和手势 123

[1] 做报告时要意识到肢体语言 124
[2] 用镜像实现合拍 125
[3] 手势不要过大 126

第 18 位
不要打断对方说话 127

[1] 听人把话说完 127
[2] 不要"中途抢话" 129

第 19 位
讲话要主题集中 132

[1] 话题的重心（主题）只能有一个 133
[2] 把"某事有三"变成口头禅 134

第 20 位
无论谈话还是汇报，关键在"开头" 136

[1] 说对方"想听的话题" 137
[2] 不要说"我不擅长演讲" 139

专题｜如何挑选口才书？ 140

PART 3 进一步提升沟通能力的"20 个诀窍"

第 21—40 位

第 21 位	一场演讲,"准备"占九成	144
第 22 位	良好的人际关系从打招呼开始	147
第 23 位	只要练习,谁都能擅长说话和沟通	149
第 24 位	善用比喻好理解	151
第 25 位	要"主动"自我表露	154
第 26 位	求人时要注意三点	156
第 27 位	与其道歉,不如道谢	158
第 28 位	表达能力与词汇量成正比	160
第 29 位	多用积极的表达方式	162
第 30 位	面对立场不同的人,更要表示尊重	164
第 31 位	用"事先准备"和"提高音量"克服紧张	166
第 32 位	姿态会改变印象,也会改变声音	168
第 33 位	演讲或发言时,带上备忘字条	170
第 34 位	多叫对方的名字	172
第 35 位	打电话也要面带"笑容"	174
第 36 位	重要的事要反复说	177
第 37 位	站哪里、坐哪里,距离会改变氛围	179
第 38 位	分开前,留下个好印象	182
第 39 位	拒绝时要坚决、明确	184
第 40 位	去掉"就是""那个"	186
专题	口拙的人剧增?今天更要磨炼"沟通能力"的意义	188

附录

1 根据不同场合,活学活用《这样说话就对了:40 个实用沟通技巧》 190
2 本书参考的 100 本畅销书列表 202

结语

1 话如其人 212
2 没问题,我们都会变成口才好的人 215

PART 1

最重要的
"七条准则"

第1—7位

第1位
说话要以"对方"为中心

要点

[1] "听"比"说"更重要
[2] 不要否定对方的观点
[3] 说对方需要的内容

排在第1位的是"说话要以'对方'为中心"。

在100本口才类畅销书中,有70本讲到了"说话要以对方(听众)为中心"。

"说话以对方为中心",意味着:

- **认真听对方说什么。**
- **说对方需要的内容。**

多数专业人士都谈到了让对方当主角的重要性:

"多说对方感兴趣的话题。"

"谈话中不要总想着占上风。"

"要站在对方的立场上说话。"

"要配合对方随机应变。"

有对话,就一定有说话的对象。如果不考虑"对方怎么想"，只会一个劲儿说自己想说的话，就没法形成对话。

不要以自我为中心，不要自以为是。只要以对方为中心，对话就会活跃顺畅。

◆ 专业人士总结的"说话让人讨厌"的特点

- 否定对方（强加自己的观点）。
- 只说自己感兴趣的话题（而不是对方感兴趣的话题）。
- 居高临下，好为人师。
- 不顾及对方的理解程度。

雅虎学院院长、武藏野大学企业家学院院长伊藤羊一，在其著作中就讲到了站在对方立场上的重要性："如果你只有'想告诉对方'的观点（称为'主观自我'），那么你就无法理解听你说话的人的感受，最终你的观点也没法传达给对方。"[1]i

[1]"听"比"说"更重要

正如有句话：善言者必是善听者。擅长说话的人，会很注意：

- 听别人说话
- 让对方多说

为什么比起"说"更要重视"听"？主要有三个原因。

---

i 全书阿拉伯数字上角标，表示所引用内容的出处，详情参见"附录2"。（编者注）

（1）人们喜欢"听自己说话的人"

据观察，人们对"听自己说话的人"会很有好感，因为"听自己说话的人"能够"满足自己被重视感的需要"。

自我的被重视感，指的是"希望被认为重要""希望自己被承认"的需求。

记者池上彰曾如此说明听别人说话的重要性：

"有人听自己说话时，人们会感到非常高兴，更何况是第一次见面的人热情地听自己说话，有人甚至会感动。面对听自己话的人，人们当然会感到亲切，好感度也会上升。"[2]

作家兼心理医生五百田达成也说："光凭听人说话，一个人就能被所有人喜欢。""仅仅是对方听自己说话，人们就会不可思议地感到'我和他谈得来''这人很好聊天'，甚至感到'那个人很有意思'。"[3]

如果你兴致勃勃地听别人说话，你就会赢得对方的信赖，被认为"这个人把我的话听进去了"。

（2）可以让自己增长知识，深化观点

"只顾自己说，不听别人说"的人无法获得新信息。听别人说话，也是让自己增长知识的机会。

那么，"听"和"说"的占比要怎么分配呢？

综合专业人士的意见，如下可算一个标准：

- 说（自己的话）：20%—30%

- 听（别人的话）：70%—80%

(3) 可以掌握对方的需求

在商业环境中，掌握对方的需求，提出满足需求的方案，是很重要的。

只会一个劲儿说自家的商品如何如何，的确很难签下合同。

那么，要怎样掌握对方的需求呢？想要了解对方的需求，掌握"积极倾听"的技巧非常有效。

◆ "积极倾听"的六个要点

"积极倾听"（Active Listening）是美国临床心理学家卡尔·罗杰斯博士在1957年倡导的一种倾听方法。

比起静静地听，这种方法可以更强烈地表现出"我对你的话有兴趣""我真的在听你说"。

"积极倾听"的六个要点

（1）点头，附和（见"40个技巧"之第9位）

"这样啊。""不错啊。""我觉得也是。"

（2）要有眼神交流（见第7位）

（3）重复，鹦鹉学舌（把对方说的话再说一遍）

"这样啊，×××对吗？""对，没错，就是××××。"

（4）换个词再说一遍

> "也就是说,是×××吧?"
> (5)提问(见第4位)
> "明白了。那这个地方您怎么看?"
> "原来如此,是这个意思啊。那么,这个地方要怎么理解?"
> (6)做笔记

雅虎日本的常务执行董事本间浩辅认为,"积极倾听"是"一对一会议"(即上下级间一对一谈话)中的典型技巧:

"'积极倾听'中有一点很有意思,就是在大多数情况下,即使听者觉得自己只是在鹦鹉学舌,说话者却感觉不到这一点。或者说,几乎所有人都觉得:'对方在很认真地听我说话。'"[4]

[2] 不要否定对方的观点

即使彼此观点不同,也不要马上否定对方,说"你错了""这不对"。单方面认定"不对",会让对方感到不舒服。

但"不否定对方"并不是说要"迎合对方"或"不坚持自己的观点"。表达自己的想法和意见也很重要。(关于如何反驳,见第14位)

下面是我们参考70本畅销书总结出来的"不会惹对方不快,又能让对方听进去意见的办法"。

表达个人观点的四个步骤

①把对方的话全部听完。

②询问对方为什么这么想。

③接受对方的观点（表示理解对方）。

④说说自己的观点（但不要下定论、不要把话说死）。

关于如何表达反对意见，心理咨询师大野萌子也提出了些建议：

"首先，你要接受对方的说法。接着，在用'你这么觉得啊'来肯定对方后，再说出自己的想法。只要表达出这样的态度，哪怕是负面的意见，对方也有更高概率会照单全收。"[5]

×反面案例

对方："关于控制成本，我觉得B方案比A方案要好。"
自己："我反对。B方案做不到。B方案显然不可能啊，只能是A方案。"

√正面案例

对方："关于控制成本，我觉得B方案比A方案要好。"
自己："这样啊。为什么你觉得B方案比较好？方便解

释一下吗?"(接受,询问理由)

对方:"因为……"

自己:"明白了。确实,你说的也有道理。只是,B方案的话,执行起来需要时间。我倒觉得A方案可以很快看到效果,你觉得怎么样?"(接受,说出自己的观点)

在反面案例里,我们直接否定了对方的观点,强行输出自己的想法,这样就会招致对方的反感和排斥。

而在正面案例里,我们先说:"我理解你为什么会这么想。""我也知道你想说的是什么。"在表达共情后,我们再用呼吁的方式提出自己的观点:"只是,我是这么想的,你觉得呢?"

在表达反对意见时,用"只是"不用"但是",可以减轻否定的感觉,对方的排斥心理也会减弱。

[3] 说对方需要的内容

思考话题时,先把"自己想说的内容"放一放,优先选择"对方想听的内容"和"对方想说的内容"。

"沟通专家"桐生稔就说:"只要说到①对方想说的话题和②对方想听的话题,就能聊上好久都停不下来。"[6]

企业家兼投资家永松茂久,在其著作中也将"说对方需要的

内容"看作"说话讨人喜欢的诀窍":

"如果你怀着'帮助对方'的想法,对方自然会感受到这点,也会认真听你说。我们应该时刻记住:'说对方需要的,而不是自己想说的。'"[7]

如果只说"自己想说的",对话很容易就会陷入停滞、产生误解、遇到麻烦。多考虑对方,少考虑自己,这样对话才能进行得舒心愉快。

表达顺序决定表达方式

要点

[1] 先说"结论"

[2] "结论→理由"的"倒三角形模式"是基础

[3] 要想提高说服力,就用"结论→理由→案例→结论"的"PREP 法"

第二位是关于说话的模式。"模式"指的是:

- 从发言开始到发言结束的组织安排。
- 先说什么,再说什么,最后说什么的发言顺序。

◆ 使用"模式"的五个好处

(1)不再犹豫该说什么,按什么顺序说。

(2)可以准确地表达结论(关于什么问题)。

(3)依据和理由明确。

(4)论证过程不容易有破绽。

(5)不会有模糊、虚假的信息。

多位专业演讲者都认为:

"按什么顺序说,和说什么内容同样重要。"

"只要改变内容顺序,就能改变沟通的难度。"

关于内容顺序的重要性,茶道家盐月弥荣子曾这样说过:

"如果你不考虑顺序,只是想到哪儿就说到哪儿,你的听众就仿佛被带上了一次不知目的地的旅途,担心火车不知何时会脱轨而战战兢兢。发言者应该事先清楚自己的发言走向。"[8]

另外,《好文案会说话》[9]的作者梅田悟司也指出"模式"的重要性,他说:"了解模式,可以让我们在磨炼语言的道路上找到捷径。"

下面就来介绍很多专业演讲者都在使用的两种模式。

专业演讲者所用的两种模式

(1)倒三角形:结论→理由

先说结论。

(2)PREP法:结论→理由→案例→结论

在说完结论后,介绍让你得出结论的理由和具体案例。最后,再一次强调结论。

[1] 先说"结论"

无论是"倒三角形模式"还是"PREP法",都是"先说结论"的模式。

所谓结论,就是"自己最想说的""对方最想听的"。

如果先说结论,听众就会在了解你的目的、主题(在说什么)的基础上倾听你的发言,这样对方就更容易理解。

◆ **先说结论的六个好处**

(1)可以明确表示"我要说什么"(话题)。

(2)可以准确传达"自己最想说的"内容、"对方最想听的"内容。

(3)即使发言被中途打断,也不会遗漏要点。

(4)因为可以先说"最重要的内容",所以不会再发愁"先说什么"(导入话题)。

(5)因为听众更有兴趣,所以会被你的话吸引(一直听到最后)。

(6)可以在短时间内传达必要信息。

社会心理学家涩谷昌三在其著作中介绍了"先说结论,勾人兴趣"的技巧:"比如先得出结论:'其实我……好像爱上了某个人。'那么听者无疑会一下子产生兴趣,追问:'什么?!干什么的?什么时候、在哪儿认识的?'"[11]

[2]"结论→理由"的"倒三角形模式"是基础

"倒三角形模式"是指先说结论,之后再解释得出结论的经过、理由、依据以及要补充的内容。

因为越往后说的越不重要,所以被称作"倒三角形模式"。

× 反面案例(理由→结论)

对方:"下周一我们要组织团建,你要参加吗?"

自己:"听说上次团建超级热闹啊。下周一是吧?下周一上午有公司的会,下午要见客户,倒是下午五点就能回公司,不过之后我还得准备第二天的事。那天一整天都安排满了,所以我没法去团建了。你下回再叫我吧。"

√ 正面案例(结论→理由)

对方:"下周一我们要组织团建,你要参加吗?"

自己:"好可惜啊,我去不了。下周一我一整天都安排满了……你下回再叫我吧。"

对方(提问的人)最想知道的是你会不会参加团建。

反面案例就是在说结论前絮絮叨叨说了很长的理由。前提太长,总不给出结论,对方就会感到不耐烦。

在正面案例里,因为你一开始就明确了是否参加团建,就不会让对方感到压力。另外,在拒绝时加上了"好可惜"这样的舒缓语（指能让语气变得柔和的词语，见第14位），也能表现出你对对方的体贴。

管理咨询师白潟敏朗在他的著作《职场5力》[12]中，也给出建议："在商业谈话中，'先说结论'更清晰易懂，好处极多。所以，就把'先结论，后理由'作为口头表达的习惯吧！"

[3] 要想提高说服力，就用"结论→理由→案例→结论"的"PREP法"

"PREP法"是一种可用于展示、汇报、演讲、面试等商业场景中的技巧。和"倒三角形模式"一样，也是先说结论。

使用"PREP法"能让发言的推进变得合乎逻辑。"合乎逻辑"就是要以任何人都能接受的方式陈述事实。

"PREP法"四个要素

PREP是结论（point）、理由（reason）、案例（example）、结论（point）的英文首字母缩写。

- P（point）= 论点、结论

  "某事的结论是……"

- R（reason）= 理由

  "为什么呢？因为……"

- E（example）= 事例、具体案例

 "事实上，存在这样的例子……"
- P（point）= 论点、结论、总结

 "因此，某事的结论是……"

也就是将"倒三角形模式"里"理由"的部分，分成"理由"（依据、论据）和"具体案例"（实际发生了什么）分别说明，最后再说一次"结论"，作为结束。

- 倒三角形模式：结论→理由（→补充）
- "PREP法"：结论→理由（理由→案例）→结论

因为"PREP法"说了两次结论，所以用它比用"倒三角形模式"说服力更强。

举例

- 结论

 今天，我想聊聊存钱的必要性。我认为，存钱还是很有必要的。
- 理由

 原因有二点：第一点，急需用钱的时候能拿得出来。第二点，跟投资和买保险不同，随时都能开始存。第三点，

可以为将来的花销做好准备。

- 具体案例

　　由于新冠疫情，很多人的工作都受到了影响，我也是其中之一。但是因为我有相当于三个月工资的存款，所以就算突然失业，我也可以踏实镇定地往前走。

　　在看不到前路、政府补助也不是很足够的情况下，我深刻感受到了存钱的重要性。

- 结论

　　就算只考虑急需用钱的情况，我也觉得存点儿钱比较好。要是有相当于三个月工资的存款，是不是就能过得安心一些？

"最后，要再次重申结论或主张。可能有人会认为，开头已经说过就没必要再说了。但其实，跟在结论之后的依据和补充信息说得越多，时间越长，听众就越容易迷失方向。"[13]

"不要用具体案例或体验来结尾，而是要再一次强调你主张的重点。在做销售时也是一样，真正想说的要点你甚至可以反复确认。"[14]

使用"PREP法"，有利于听众理解和接受，所以你的请求和建议也更容易被对方采纳。

说话要有张有弛

要点
[1] 让音量、音调富于变化
[2] 人前讲话，放慢语速
[3] 有意识地停顿
[4] 句尾要吐字清楚

排在第3位的，是"说话要有张有弛"。

"调整语气和停顿"，指的是让**发声、发音、节奏**等富于变化。

大多数畅销书（100本中的36本），都提到了"说话有抑扬顿挫，更容易把信息传达给对方"。

如果你打算在演讲、展示、会议的时候念稿子，那么你就会专注于"读"，于是很容易变成念稿机器。缺乏抑扬顿挫的发言，不仅会让人左耳进、右耳出，更会给人留下不好的印象。

只要根据不同场景改变发声方法，就能让人更容易捕捉到你的关键词或重要语句。

很多专业演讲者都指出："哪怕是同样的词，只要改变发声方法，被听到的概率就会不同。"

"如果想激发人的情绪，你可以慢慢地加快语速，把句子截短。要是想表现戏剧性，你就可以改变声音的粗细，改变说话的节奏，给句子增加抑扬顿挫。"[15]

古罗马最杰出的演说家西塞罗，在他的著作《论演说家》[16]中，就将"节奏感"作为演说家和外行间的区别之一："这一点就是，外行……语句的长短取决于还有没有气，而与此相对，演说家则是带着某种节奏在说话。"

"说话有张有弛"的重点，就是在以下四个方面增加变化：
- 发声（强弱、高低）
- 速度
- 停顿
- 句尾

[1] 让音量、音调富于变化

◆ 让音量（声音大小、强弱）富于变化

苹果公司的创始人史蒂夫·乔布斯也是一位著名的演讲家，据说他就非常善于调整自己的音量。

"乔布斯为了炒热气氛，连音量也会调整……他常用的一个模式是，在话题走向高潮的过程中用比较小的音量，等到最后再

砰的一下大声宣布。"[17]

希望听众注意的内容,就要提高音量。而你所强调的词不同,也会导致你想表达的意思发生改变。

> **举例**

"明天,我会去贵公司的虎门分店。"
——如果没有强调,每个词音量相同,那么对方就没法注意到关键词(你最想告诉对方的信息)。

- 强调人物

"明天,**我**会去贵公司的虎门分店。"
——告诉对方是"谁"去。

- 强调日期

"**明天**,我会去贵公司的虎门分店。"
——告诉对方是"什么时候"去。

- 强调地点

"明天,我会去贵公司的**虎门分店**。"
——告诉对方是去"哪里"。

◆ 让音调(声音的高低、松紧)富于变化

通过调整音调,你可以改变自己给对方留下的印象。

- 高音:开朗,活泼,青春。
- 低音:谨慎,沉着,可靠。

一般来说，"让人留下好印象的高音"或者说"让对方听起来很舒服的高音"，指的是音阶中的"fa"或者"sol"。"fa"和"sol"也被称作有社交性的音调，有利于人们拉近和对方的关系。

管理咨询师兼作家安田正指出："轻松交流时要语调上扬，这是不变的法则。"并进一步阐述道：

"试着哼一下音阶'do re mi fa sol la si'。这中间最合适的音调，大概是'fa'或者'sol'。也不必是标准音阶，只要是你'自己心中的音阶'就可以。"[18]

[2] 人前讲话，放慢语速

在报告、会议、发布会等需要公开发言的场景中，一定要注意"放慢语速"。不习惯在众人面前发言的人，很容易会语速过快。

一旦语速过快，听众就会觉得："这个人不镇定啊。""听不懂，他在说什么啊？"进而给对方留下不好的印象。

与此相对，**如果能娓娓道来、深入浅出，就会更容易获得对方的信赖。**

记者池上彰自认是"语速很快"的人。但是当他出现在电视上，他就会有意识地放慢语速。

他解释自己这么做的原因是："因为我希望从小学高年级到

八十多岁的人都能听清楚。对于词汇量比较小的孩子，或者听力退化的老人，如果你的语速很快，他们就可能会跟不上。"[19]

那么，"放慢语速"到底是要多慢呢？根据专业演讲者们的共同观点，"让人容易听清的速度"，大概是"1分钟200字左右"。[ii]

出声朗读下面这段文字。如果你所用的时间远远少于1分钟，那就是语速过快了；如果远超1分钟，则是语速过慢了。

"1分钟200字左右"的例文

昭和时代（1926年—1989年）的写作书与令和时代（2019年至今）的写作书，虽然有很多共同点，但也有不少内容截然相反。

比如新近的书，认为优质的文章应该清晰、明了；而更早的书，则更重视文章的含蓄、蕴藉。

当我们想更广泛地学习写作技巧，在纵览古今的阅读过程中，我们就会感受到日本人表达方式的变迁。

如今，人们更多使用智能手机阅读网络文章，于是最近的写作书里会建议：因为手机屏幕较小，如果写作时增加分段，会更方便读者阅读。

---

ii 日语的一般语速为每分钟300字，而汉语的一般语速为每分钟150—200字，下段例文已根据汉语习惯进行了处理，供参考。（编者注）

[3] 有意识地停顿

停顿（即几秒钟的沉默）可以产生吸引听众注意力的效果。

◆ **停顿的好处**

- 强调重点内容。
- 提示听众说到哪里了。
- 容易被听众记住。
- 听众的注意力不易中断。
- 容易被倾听。

"重要的是，在说之前要停顿一下……停顿可以收住现场的气氛，让空气瞬间安静。短暂的停留，让房间里所有人集中注意，然后发言。"[20]

"突然沉默就像突然出声一样，都能起到吸引人注意的效果。听众会吓一跳，心生警惕，直等着你接下来说的话。"[21]

以下四种停顿方法，会有所帮助。

停顿的时机

（1）要公布的信息，或重要事项的前后。（约0.5秒—1秒）

"今天,东京公布的新冠肺炎感染人数(0.5秒—1秒),是1915(0.5秒—1秒)。"

(2)提出问题之后。(约0.5秒—1秒)

"大家觉得怎么样(0.5秒—1秒)?我是这么想的……"

(3)在解释理由或依据之前。(约0.5秒—1秒)

"我是这么考虑的……(0.5秒—1秒)要说为什么?因为……"

(4)话题告一段落后。(3秒)

"以上是A的情况。(3秒)接下来,我会说一下B的情况。"

[4] 句尾要吐字清楚

越说越弱的说话方式,会让人感觉"没自信""不可靠"。要是你的句尾让人听不清,光凭这点,就足以给人留下不好的印象了。

"比方说,咱们跟人打招呼说'早上好'。有的人,你就几乎只能听到'早上……'这给人的印象就相当不好。既然都打招呼了,那就把最后一个字也说清楚。"[22]

有的时候,句尾会决定是肯定还是否定。如果句尾含糊,让人听不清楚,也就分不出你是肯定还是否定的意思。

> **✗ 反面案例**
>
> "这个月的销售任务……"

例句就是因为句尾没有了,所以也不知道任务是完成了还是没有完成。把话清楚地说完整,对方就能准确地明白你的意思了。

不过,要是太过注意句尾,特地拉长音,说:"这件事就麻——烦你啦!""这是真——的吗?"或者干脆句尾上扬,就会给对方留下你很幼稚的印象。

还是一字一句,认真吐字吧:

"这件事就麻烦你了。"

"这是真的吗?"

第4位
用"好问题"引出话头

> **要点**
>
> [1] 用"封闭式问题"确认事实
> [2] 用"开放式问题"拓展话题
> [3] 将问题具体化

排在第4位的是"用'好问题'引出话头"。

很多专业人士都提到了"提问"的重要性:

"谈话不能没有提问。"

"问题提得好,对方的话就少不了。"

> **提问的主要效果**

- 可以表现出"我有兴趣"的态度。
- 可以提出有疑问或没听懂的地方。
- 可以确认具体情况。
- 可以让对方说得心情愉快。
- 可以"扩展""延伸"或"深挖"对方的话题。

扩展:"除此以外,还做了什么?"

> 延伸:"所以怎么样了?"
>
> "之后发生了什么?"
>
> 深挖:"为什么你会这么觉得?"
>
> "你为什么要那么做?"

之前在第1位第1点讲到过"'听'比'说'更重要",这里的"听"包括两层含义:

> - **"听"的两层含义**
> ① "听进耳朵里":倾听,认真听对方说话。
> ② "引出对方的话":通过提问,引出自己想听、对方想说的内容。

很多专业人士都会通过丢出好问题,从对方那里引出话题来。

"所谓善于倾听的人,就是知道对方大概想说什么,然后自己抛出合适的问题,让对方说出来。这才是真正善于倾听的人,也是会提问的高手。"[23]

[1] 用"封闭式问题"确认事实

从形式上看,问题大概可以被分为两种:"封闭式问题"和

"开放式问题"。

> • **"封闭式问题"**
> "封闭"的意思是"有限"。可以是选择"是"或"否"的"是非题",也可以是从给定的几个选项里选出答案的"选择题"。

举例

- 你喜欢看电影吗?
- 你们公司用的是什么系统? A、B还是C?

这两个例子就是"封闭式问题",可以用"喜欢/不喜欢""A/B/C"这样有限的选项来回答。

◆ **"封闭式问题"的优缺点**

优点	可以清楚对方的想法或实际情况。 可以马上得到答案。 对方容易回答。

缺点	谈话很难展开。 用多了,对方会感觉在被审问。 因为对方是从给定的答案里选择,所以很难产生新点子。

在商务会谈或会议的最后抛出"封闭式问题",可以有效消除误解。

举例

问:交货的是 100 个 A 商品是吧?
答:对。

[2] 用"开放式问题"拓展话题

"开放式问题"指的是没有"是"或"否"的选项,任凭对方自由回答的问题。

• 开放式问题

"开放"的意思是"无限"。不限制对方的回答,引出自由发挥的答案。

> **举例**
>
> 问：×××电影中的哪个镜头给你留下了深刻印象？
>
> 答：主角说出真相的那个场景吧。
>
> 问：的确，那个镜头拍得是非常好。那关于结局，你怎么看？
>
> 答：太意外了。可以有很多种理解吧。
>
> 问：比方说呢？

通过"开放式问题"，我们可以具体地了解对方的感受和想法。当你想尽可能从对方那里获得更多信息时，这个方法就很有用。

◆ **"开放式问题"的优缺点**

优点	话题很容易展开。 可以获得大量信息。 可以加深对对方的理解。 因为对方是自由思考、畅所欲言的，所以很容易生发出新点子。

缺点	如果用在第一个问题上,对方可能会一下子回答不上来。 因为不知道对方会怎么回答,所以会很考验提问者的技巧。 需要花一点儿时间才能得到答案。 如果你问的问题比较难,对方可能会答不上来(对话也会被卡住)。

"开放式问题"的基础就是牢记"5W1H"

- When(什么时间)

"你计划什么时候开始新业务?"

- Where(什么地点)

"你打算在哪里开张?"

- Who(什么人)

"你觉得跟谁合作,可以提高业绩?"

- What(什么事/物)

"那项工作的内容是什么?"

- Why(为什么)

"为什么做得不顺利?"

- How(如何)

"这个问题要怎么解决?"

专业沟通术教练冈本纯子认为，如果加入"Which（哪个）"组成"6W1H"，会更容易聊得热络。

"对于那些苦于聊天的老板们，我就建议他们掌握'什么'提问法……以'6W1H'（What、Who、When、Where、Why、Which、How）开头的问题，全都是开放式问题，也都可以替换成以'什么'组成的词。"[24]

- What：什么事，什么东西，什么样
- Who：什么人，谁
- When：什么时候，什么时间
- Where：什么地点，哪里
- Why：为什么
- Which：选什么，哪个
- How：有什么办法，怎么办

◆ **灵活使用"封闭式问题"与"开放式问题"**

只要按照"封闭式问题→开放式问题"的顺序来提问，对方就会比较好回答了。

举例1

问：你喜欢看电影吗？（封闭式）

答：喜欢呀。

问：那你喜欢什么电影？（开放式）

答：动作片吧。

问：为什么喜欢动作片呢？（开放式）

答：最主要还是因为感觉很刺激。

举例2

问：你喜欢喝啤酒吗？（封闭式）

答：喜欢。

问：那有什么推荐的牌子吗？（开放式）

答：×××牌子的挺不错的。

[3] 将问题具体化

"开放式问题"是"让回答者随意思考"的问题，因此是有利于对话进行的。

但另一方面，如果你不断提出需要对方深入思考才能答得出来的问题，那么对话就会有进行不下去的风险。

如果遇到"对话进行不下去""对方回答得很慢"或者"对方的回答不清不楚"的时候，你就可以**将问题具体化，这样对方就容易回答了**。

举例 1

你觉得最近的车怎么样?

⬇ (具体化)

你觉得最近的车,在自动驾驶方面怎么样?

举例 2

你最近怎么样?

⬇ (具体化)

你最近在忙什么工作?

举例 3

您希望什么时候交货?告诉我一个日子吧。

⬇ (具体化)

我想跟您聊聊交货日期,这三个时间您看哪个合适?

第5位
善用"万能话题",聊到停不下

> **要点**
> [1] 说这 12 个话题,自然会聊得火热
> [2] 要警惕不适合闲聊的"禁忌话题"

排在第5位的是"善用'万能话题',聊到停不下"。

100本书中,有33本提到了闲聊的话题或者谈话的主题。专业人士认为:"无论是私下聊天还是商务会谈里,闲聊都是非常必要的。"

◆ "闲聊"的主要好处

- 可以作为谈话的切入点。
- 可以表现出对对方的兴趣。
- 消除第一次见面的紧张感。
- 可以获得一些信息。

闲聊在建立人际关系这方面是非常重要的,不过也有相当多的人感觉自己不擅长闲聊:

"不知道该说什么。"

"说到一半我就找不到话题了。"

"我对开口说话特别没自信,说不出什么有意思的东西。"

"头一次见人我会特别紧张,话都说不出来。"

那么,怎样才能提高闲聊的能力呢?

我们对专业人士提出的"找话题"要点进行了总结,得出了以下五点。

找话题的五个要点

①找对方答得上来的话题。

②找对方感兴趣的话题。

③找对方会有共鸣、有同感的话题。

④找所有人共有的话题(身边的话题)。

⑤找无害的话题。

[1] 说这 12 个话题,自然会聊得火热

如果总结一下口才类畅销书中介绍的"任何人都能用(对谁都能说)的话题",我们可以得到如下12个。(如果是自己主动发起聊天,可以采用第4位"用'好问题'引出话头"中的方法)

任何人都能用的闲聊话题

- 食物

"您知道哪家店好吃吗?能不能推荐几个?"

"你好像总是很忙呀,有时间吃午饭吗?"

"听说这附近有个××餐厅很有名,您知道吗?"

- 出生地、地域

"您是哪里人呀?我是××的。"

"搬到这儿之前,您在哪里住?"

(考虑到个人隐私,不要问具体的地址。)

- 旅行

"您最近去哪儿旅游过吗?"

"前两天我开车去了××,你去过那儿吗?"

- 天气、季节

"今天比昨天暖和多了啊。"

"我花粉过敏。你没问题吧?"

- 运动

"我经常去打篮球,你打篮球吗?"

"你平时做什么运动吗?"

- 宠物

"我看了你的微博,你是不是养了猫呀?"

"我挺想养只狗的。您养了什么宠物吗?"

- 工作

"你现在是在什么岗位?"

"最近您好像总是一大早就出门上班了。您是做什么工作的?"

- 健康

"新冠肺炎的感染人数好像在慢慢减少了。"

"那之后,您的伤怎么样了?"

- 穿戴的东西、用品

"这块表跟您很搭呀,是什么名牌的吧?"

"这身西装真不错,是从哪儿买的呀?"

"有没有什么特别有趣的应用程序,能推荐给我吗?"

- 最近的新闻

"今早有个新闻,是这样的……"

"最近×××好像超级流行啊。"

- 近期自己身上的事/近期对方身上的事

"我最近开始×××了。你最近在玩什么呢?"

- 娱乐消遣

"有没有什么好看的书(电影、音乐、动画、综艺)推荐呢?"

也有些书将可以张口就用的话题、素材,各选第一个字编成了顺口溜。

"人有的时候是会找不到话题。为了预防这种情况,可以把

'家乡有个天运球'刻在脑子里。"[25]

"家"——家人　　　　　　"天"——天气

"乡"——故乡（出生地）　"运"——运动

"有"——朋友　　　　　　"球"——篮球

"个"——歌曲

"暗号是：'新天地，名利休，实体易流通。'"[26]

"新"——新闻、热搜　　　"实"——美食、餐厅

"天"——天气、气候　　　"体"——健康、养生

"地"——地区、本地话题　"易"——两性、情感

"名"——人名、地名相关　"流"——潮流、时尚

"利"——财经、行情、金融　"通"——职场、就业

"休"——休闲、度假、旅行

"还有句话叫：'天工兴，健新家。衣食住，两行熟。'按照前人的智慧，只要抛出天气、工作、兴趣、健康、新闻、家人、衣、食、住、两性、旅行、熟人方面的话题，就不用愁对话接不下去。"[27]

（也有人把"两性"拿掉，变成"天工兴，健新家，衣食住行熟"。）

[2] 要警惕不适合闲聊的"禁忌话题"

既然有适合闲聊的"万能话题",也就有"最好避开的话题""可能会让对方(听的人)不快的话题""很挑人的话题"。

我们从畅销书中挑出了这些"建议避开的话题"。

◆ 最好避开的闲聊话题

• 容易产生意见分歧的话题

比如政治、信仰、喜欢的球队等等。应该避开政治、信仰这类与个人思想紧密相关的话题,因为每个人的思想千差万别,自己和对方未必一致。

"运动"虽然属于"万能话题",但是不要褒贬某支特定的队伍。

除非你和对方显然支持的是同一个队,否则,还是回避掉这个话题比较稳妥。有些人只要知道对方支持的是对家的球队,就会感到不开心。

• 荤段子

荤段子是很挑人的。如果越过了对方的底线,就只会让场面变得尴尬。

虽然很多人都会对两性话题感兴趣,但这类话题是有技术难度的。尤其荤段子很难把握尺度,容易冒犯别人,还是最好不要将此作为话题。

- **外貌、年龄**

有时你是想表达赞美,但对方未必这么觉得。

即使你想说:"你看起来好年轻啊。"对方也可能会理解为"看上去幼稚"。

或者你只是想说:"你个子又高,身材又好。"对方却可能对"个子太高"心怀芥蒂。

每个人都有"心理情结"。即使在我们看来是优点,对方也可能认为是不足。

- **说人坏话、传人谣言**

自古坏事传千里,所以"某某说过什么什么",很容易被传到当事人耳朵里。另外,总是说人坏话的人,也很难获得周围人的信赖。

- **自吹自擂**

自我夸耀只会给人留下不好的印象。

"你应该知道自夸是如何让周围人感到不快的。或许你只是在若无其事地炫耀自己,但你这样就没法和别人建立关系。"[28]

《说话的礼仪与技巧》[29]的编者杉山美奈子建议:"自我炫耀要么爽快结束,要么就来个幽默结尾。'前阵子抽奖,我中了个夏威夷旅行!我今年的运气应该都用光了吧?'这样就不会让人不快了。"

- **与收入有关的话题**

像年薪、存款等与收入有关的话题,即使是很亲近的朋友之间,也要谨慎使用。

毕竟收入高可能会招致嫉妒或误解,收入低也可能会被人瞧不起。

- **家人、家庭情况**

虽然在"家乡有个天运球"和"天工兴,健新家。衣食住,两行熟"里,"家人"都是闲聊的关键词之一。然而另一方面,也有人认为,最好不要问与家人和家庭情况有关的问题。

因为在听众之中,可能也有人在为家里的事烦恼,比如离婚、分居、丧偶,或者不孕不育等。

家人和家庭情况还是比较敏感的问题,所以面对第一次见面的人,还是避开比较好。

第6位

"夸赞"是人际关系的润滑剂

要点

[1] 夸赞要具体,带上"理由"
[2] 不只夸结果,也要夸过程
[3] 要"当众"表扬
[4] 并不是什么都可以拿来夸

排在第6位的是"'夸赞'是人际关系的润滑剂"。

在100本书中,有32本讲到了"夸赞的重要性"或"正确的夸赞方法"。

我们总结了口才类畅销书中提到的"夸赞的功效",得到如下结果。

◆ "夸赞"的主要功效

- 可以激发对方的动力。
- 能够鼓励对方成长。
- 容易让人听取自己的意见。
- 夸赞对方,自己也会感到愉悦。

精神科医生斋藤茂太和结城优都曾讲到过"夸赞"的效果。

"没有人不喜欢被人夸赞。恰恰相反，当人被赞美时，人的自信会回归，而这种自信会激发新的动力。"[30]

"夸赞别人就像送礼物一样，对方会高兴，自己也会感到很愉快。"[31]

[1] 夸赞要具体，带上"理由"

说到"有效的夸赞方法"，很多口才专家都提到了"要具体地、带着理由地夸赞"。

如果只说"好棒！""太帅了！"别人听起来很可能觉得只是客套或者场面话。

"在表达赞美或者感激的时候，一定要说得具体。类似这样：'你那时候说的话真的太对了。幸亏有你，之后的会议主持才进行得那么顺利。'"[32]

"不要夸完一句就结束。既然夸了别人，就一定要加上一句夸的理由、为什么而夸。"[14]

附带理由、具体地夸赞对方，那么被夸赞的人就：
- 可以客观地把握自己的优点。

- 不会觉得你只是"随口说说"。
- 觉得自己身上的小事都被注意到了,感到很高兴。

只说一句"好棒呀""你好厉害""不愧是你""太好了""真厉害"是不够的。

要在它前后加上"夸赞的理由",这样就可以满足对方被认可的需求了。

> - **被认可的需求**
>
>   指"希望他人认同自己""希望别人觉得自己有价值",是一种天然的心理需求。无论小孩还是大人,都有这种需求。

举例1

"你最近真的好厉害啊。"

⬇ (夸赞 + 理由)

"你最近真的好厉害啊,竟然比上个月多了10个订单。这都是你访问了更多客户的结果吧。"

举例2

"这份报告材料做得可真好啊。"

⬇ (夸赞 + 理由)

"这份报告材料里用了好多有效的图表,做得可真好啊。"

销量、利润趋势和市场份额全都一目了然，很有说服力。"

[2] 不只夸结果，也要夸过程

很多专业人士都指出，无论是在商业场合还是在教育环节中，"表扬过程（经过，或者与结果有关的行动）很重要""不只要认可结果，认可过程也很重要"。

"如果我们在言辞间过度关注结果或者能看到的东西，那么即使我们在表扬孩子，他们也会感到不舒服。"[33]

"优质的人际关系，是从'认可'对方的优点和努力过程开始的。被大家喜欢的人，就是塑造出了这样一种良性循环。"[5]

在企业管理（培养下属）或教育孩子时，如果比起结果更注重夸赞过程，那么对方就会更有动力。

因为当努力或行动过程被赞扬时，对方会感到"自己的行为"本身受到肯定，就会不惧失败，继续挑战。

另一方面，如果你继续只表扬结果，那么对方就会产生消极的想法：

"不确定能有好结果的事还是别做了。"
"不要挑战新事物和难点。"

无论尝试是否有结果,对下属或孩子的夸赞方法都是一样的。不管什么情况,只要你关注过程,你就可以对对方做出肯定。

举例1

孩子考了100分的时候。

- 错误的表扬方法:只表扬结果。

"你考了100分啊!真厉害!"

- 正确的表扬方法:表扬过程。

"你考了100分啊!肯定是你强忍着没玩喜欢的游戏,努力学习获得的回报呀。"

举例2

下属没完成销售任务的时候。

- 正确的表扬方法:表扬过程。

"没完成真的好遗憾,不过我觉得你那个办法是很有效的。下个月可以注意一下×××,继续努力吧。"

[3] 要"当众"表扬

比起一对一表扬，当着很多人的面表扬对方会更有效果。

比方说在晨会或者其他会议上说：

"之前A做的汇报，客户的评价非常高。"

这样一来，A会感到自己被表扬了，其他员工也会心想："我也要为了获得表扬而努力。"

作家、演讲家星涉就建议："可以先在很多人面前表扬，然后再私下一对一表扬。"这样一来，对方就会切实感受到"自己真的做得很不错"。

"'在很多人面前表扬某人'，就等同于向周围人宣布：'这个人值得被表扬。'……之后，就是'隔段时间私下表扬'。重点是，要通过邮件或者微信等单独发消息表扬。"[34]

不过，如果对方（被表扬的人）是"不想惹人注意的类型"，或者"容易招人嫉妒的人"，那还是不要在公共场合，私下表扬比较妥当。

[4] 并不是什么都可以拿来夸

虽然很多畅销书都认为："在改善沟通方面，夸赞非常重要。"但对于"夸赞的次数"则众说纷纭，各有说法。

有人认为：

"要是滥用夸赞，会被看作刻意的恭维。"

"赞美太过，会让人看不起自己。"

"随便的表扬没什么效果。"

也有人认为：

"场面话也没关系。"

"无论如何，先夸就对了。"

"要喋喋不休地夸到不值钱的地步。"

我们精读畅销书后，发现多数意见是："不要夸赞太过。"因此本书的结论是："**觉得自己不太擅长聊天的人和缺乏夸赞经验的人，还是不要夸赞太过。**"

如果一个不太擅长聊天的人一直说："你好棒。""你真厉害。"对方可能会觉得："像假话。""不走心。""是阴阳怪气吧？"

对于夸赞来说，最重要的是：

- 要发自内心地赞美。
- 不说言不由衷的话。
- 坦率地表达内心的感受。

企业家兼投资家永松茂久，在他的著作中如此写道：

"赞美是很重要的，但无节制的赞美却未必奏效。最重要的是，对方在意的是什么，称赞哪方面会让对方感到高兴。要仔细观察这些方面，然后发自内心地夸赞对方。"[7]

TBS播音员安住绅一郎则认为，恭维话"应该无所顾忌，积极地说出来"，"并不一定是出于谄媚的目的"，"因为你是想让对方听了舒服，并不是不走心的谎话。重要的是，要把自己的心情准确地转化为语言，传达给对方。"[35]

第7位
保持眼神交流

> **要点**
> [1] 对齐视线的"高度"
> [2] 不要只盯着眼睛看
> [3] 即使面对很多人发言,也要一个一个地做眼神交流

排在第7位的是"保持眼神交流"。

多数专业演讲者都提到了"你的眼神会改变你给人的印象"。

在与人建立信赖方面,"眼神接触=眼神交流"是非常重要的。

正如人们常说的:"眼睛像嘴一样会说话。"(通过眼神可以看到对方的心情)"眼睛是心灵的窗户。"(通过眼神可以看出对方是怎样的人)"眼睛"可以强烈地表达出一个人的情感和个性。

眼神交流,其实就是情感交流。

"只要眼神交汇,心意相通,人就会自然而然地露出微笑,产生一种和谐的情绪,彼此的关系也就一下子拉近了。"[36]

为什么只要看着对方的眼睛说话（听对方说话），就能构建信赖呢？

推荐大家做眼神交流的理由，主要有以下四点。

◆ 建议做眼神交流的四个理由

- 因为对方会感到被关注。
- 因为能让对方集中注意，听自己说话。
- 因为可以捕捉到对方内心的变化。
- 因为眼神回避会让人觉得"你在说谎""你没有信心"。

[1] 对齐视线的"高度"

在眼神交流方面，首要的是对齐视线的"高度"。视线"高度"对齐指的是：

- 如果对方站着→自己也要站起来。
- 如果对方坐着→自己也要坐下。

因为视线的高度一致，彼此之间就会产生一种亲近感。

如果对方坐着自己站着，就很容易形成"俯视"的关系。

而俯视的眼神会带来威慑感，让对方感到不太舒服。

即使是开视频会议，也要调整摄像头，让对方和自己的视线高度一致。

笔记本电脑、智能手机和平板电脑的内置摄像头，大多数都位于视线高度以下,所以映出的人脸总像在窥探什么。这时,把**设备放在摞起的书或杂志上面,让摄像头和自己的视线高度一致**就很重要了。

"开口时要靠近几步,目光与对方的眼睛保持同一高度,或者比对方略低一点。如果对方站着,你不要坐着就开口。"[29]

如果对方是孩子,你也不要居高临下,应该弯下腰,或者坐下来,以同等目光(高度一致)交流。

这样视线交汇后,孩子就会切实感受到被倾听和被重视。

[2] 不要只盯着眼睛看

说话时要"有眼神接触","不能移开视线",这的确是一种基本要求。但如果**盯得太紧,也难免会让对方产生尴尬、不适、被压迫或被威慑的感觉**,所以最好"时不时错开视线","不要只盯着眼睛,也看看眼睛周围"。

散文家、作家阿川佐和子就非常注意"**整张脸略微动动,时不时低一下头,恰到好处地插入让目光休息的时间,但是绝对不能露出不安的眼神**"[37]。

眼神交流的诀窍

- 基本做到目光交汇,但要时不时移开视线(看向对方的衣服或桌子等)。
- 如果对方对目光接触敏感,就不要看眼睛,改成看着对方的"嘴角""眉心""鼻子附近"说话。
- 在"谈话开始或结束"的时候,以及"要说重要内容"的时候,要保持眼神交流。

[3] 即使面对很多人发言,也要一个一个地做眼神交流

那么,像汇报、开会、演讲这种需要在很多人面前发言的场合,又应该看哪里呢?

一般来说,即使在很多人面前,也要一个一个地做眼神交流。

"毕竟,口头报告的意义就在于一个活生生的人,用鲜活的语言,对听众说话。因此,要是低着头说话,我会想说你干脆转过身去算了。"[38]

"说话时,目光不是俯瞰全体,而是'一个一个地做眼神交流'。"[39]

"以乔布斯为代表的优秀的人际沟通者，会经常与听众做眼神交流，他们几乎不会看PPT或是提词卡。"[17]

我们发现，关于"当众发言时，如何移动视线"，方法有很多种。下面，本书将介绍其中的四种。

◆ **当众发言时，目光移动的方法**

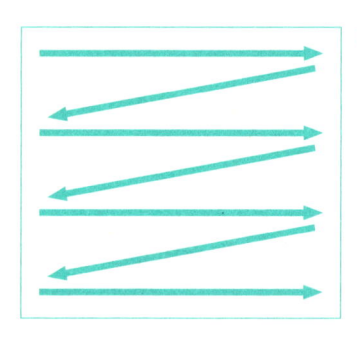

①让视线呈锯齿状移动

从左后方开始，按折线形运动。等到了最前面之后，再回到左后方。这样反复几次，就跟每个人都发生了接触。

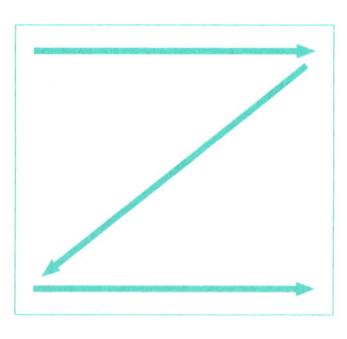

②让视线呈"Z形"或"S形"移动

让目光沿着"S形"或"Z形"路径移动，这样就会形成一种"你在看向所有人"的印象，因此听众会觉得你"不紧张""大大方方"。

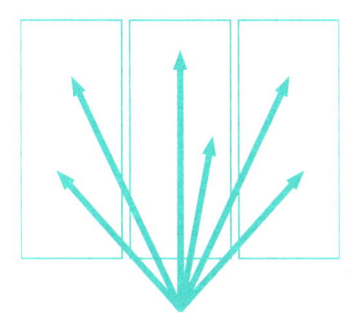

③分成3个片区

将会场分成"左""中""右"3个片区,再从中各选出一两个人,之后对着被你选中的人发言即可。

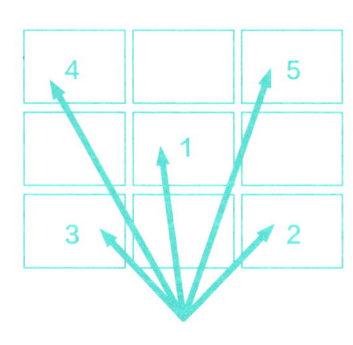

④分成9个片区

如果是大会堂那类比较大的地方,你可以将观众席分成9个片区,然后将目光转向四角及中心这5个片区,对着其中的"某人"发言。

专题
口才好的名人排行榜

我们将100本口才类畅销书中提及的"擅长闲聊、对谈、演讲的名人",按其出场过的图书册数排了个序。(*名人指明星、文化名流、企业家、记者、政治家、伟人等,不分国籍)

下面是排名靠前的名人的"卓越之处"。

第 1 名
(出场册数——5 册)

高田明｜销售巨头 Japanet Takata 的创始人

高田明的"卓越之处"

- 即便是日常谈话,也会加入"趣味点(笑料)"。
- 收集资讯的目的很明确。
- 擅长描述细节。
- 不只介绍产品特征,还会讲述该产品的使用场景。
- 擅长用"是吧""对不对"来抛出问题。
- 在电视上讲话时,会有意识地用和平时不同的方式。
  (在电视上会用高音→提高观众购买欲的声音)

"我以前有幸聆听过Japanet Takata的前社长高田明先生演讲,他竟然在60分钟里引发了22次笑声。因为他在演讲一开始就装模作样地说:'今天大家要是觉得好笑,可一定要笑出来哟。'所以我想他是有很强烈的意识,要通过欢笑构建一个好氛围。"[6]

"高田先生收集资讯的目的,就是'制造感动'。高田先生经常思考'我到底想要传达什么',并称之为'任务'。如果这项'任务'不明确,他就没办法激起宣讲的热情。"[40]

第 2 名
(出场册数——4 册)

史蒂夫·乔布斯 | 苹果公司联合创始人
亚伯拉罕·林肯 | 美国第 16 任总统

史蒂夫·乔布斯的"卓越之处"

- 善于养成收集资讯的习惯。
  (一个人如果知道大多数人不知道的资讯,他就很容易获得信赖)
- 不使用术语。

- 像写微博一样，用短短一句话来描述产品或服务。
- 将重点归纳为三个。
- 善于描述细节。
- 拥有知道对方想要什么的洞察力。

"史蒂夫·乔布斯的演讲设计非常像戏剧。通过精巧的设计和充分练习的舞台表演，他让人们感到愉悦，为他们带去勇气，让他们精神振奋。"[17]

"乔布斯说的是：'观察对方，认真探求他们真正想要的到底是什么。这样一来，结果一定会不错。'正是对人类欲望永不满足的兴趣，缔造了今日苹果公司的繁荣。"[7]

亚伯拉罕·林肯的"卓越之处"

- 擅长控制"怒火"。
- 能够配合听众的价值观来演讲。
- 发言之前，会做好周全的准备。

"大多数人会犯的致命错误，就是懒得做准备……林肯在任职总统期间也说过：'我一直告诫自己，我可不能老糊涂到明明没什么可说的，还毫无羞耻地在公众面前讲话。'"[41]

第 3 名
（出场册数——3 册）
池上彰｜记者
明石家秋刀鱼｜谐星

池上彰的"卓越之处"
- 擅长用"是吧""对不对"来抛出问题。
- 给别人递话头的时候，会叫出对方的名字。
- 提问时会站在观众的角度，做到通俗易懂。
- 即使在很多人面前，仍然"一对一"交流。

"当池上先生以'我是这样想的'来表达观点时，他会将原本晦涩难懂的内容讲得非常通俗，更加贴近观众。"[42]

明石家秋刀鱼的"卓越之处"
- 让对方说，而不是自己说。
- 会做出让人大笑（让对方开心）的反应。
- 擅长捧场。

（比如："哇，原来如此。""哎呀！那然后呢？"）
- 对话开始时，不是谈自己，而是以对方为中心提问。
（比如："你今天好像有点困？""你最近怎么样？"）
- 擅长驾驭聊天的走向。

"即使在综艺节目里，看不懂话题走向的人也常被秋刀鱼骂：'不对，那一段已经说完啦。'"[43]

PART 2

说话高手的
"13个共通点"

第 8—20 位

第8位
说话要具体

> **要点**
> [1] 列数字
> [2] 加入专有名词
> [3] 用"个人经验"引起共鸣，提高说服力

排在第8位的是"说话要具体"。

很多专业演讲者都说："不要只说抽象概念。""要加入故事。""要谈点儿个人经验。"尽管表述各不相同，但都是建议大家说话要具体。

作家兼心理医生五百田达成特别强调了在商业场合里"说话具体"的重要性："**在工作中说话不清不楚是有害的。说话要清晰、明确、具体。这才是有益的说话方式。**"[3]

古希腊哲学家亚里士多德因为完成了许多学科的体系化，被称为"万学之祖"。在其对后世产生重大影响的著作《辩论术》[45]中，他讲到了"庄重的表达方式"之一种，他说："**要用解释性的**

句子代替名词。例如，不要说'圆'，而是说'从中心等距离扩展形成的平面'……要用比喻或修饰语具体描述事物。"

那么"说话具体"到底是什么意思呢？

- **具体**：明确知道实际的内容或样貌。

如果总结一下专业人士认为"说话具体"的好处，可以得到如下五点。

◆ **说话具体的五个好处**
- 对方容易理解。
- 可以避免混乱。
- 能增强说服力。
- 可以引起共鸣。
- 容易留下印象。

那么，怎样才能做到"说话具体"呢？主要有三个方法。

[1] 列数字

说话的时候，尽可能加入数字。

因为这样就可以"消除臆想"，"让对方准确地理解"，并

"增强真实感"。

Timberline Partners公司法人代表、咨询师大石哲之,在他的著作《靠谱》[46]中写到了"在商业领域用事实说话"的重要性,他在其后继续写道:

"最重要的事实就是'数字'。用数字说话的效果最好。如果有一种全世界通用的语言,那么绝不是英语,而是数字。"

《靠谱大人的说话方法大全》[25]中则如此写道:"总之,在商务场合中,为了准确地表达事务,你要避免模糊的描述,最好使用数字,将多长、多大表现出来。"

数字对任何人来说都代表着同样的长度。

只要听到"一百米蛙泳"这个游泳项目,不只是世界各国的游泳选手,谁听了都会想象到同样长度。

然而,如果说的是"长距离蛙泳",那么大家想象中的"长距离"就会因人而异。企业的销售额、成本和交货日期也是一样。

说话要具体,就是将"长点儿""高些""尽早""稍后""适度""差不多"等理解因人而异的词语,尽可能换成数字。

建议换成数字的例子

- 日期

"请早点儿完成。" → "请在某月某日前完成。"

- 价格

"报价很高。" → "报价是100万日元。"

- 数量

"多印一点儿。" ➡ "印300张。"

[2] 加入专有名词

作家中谷彰宏在他的著作《面试达人》（日本钻石社）中强调了使用专有名词和数字的重要性。他说："要想在面试官心中留下深刻印象，你需要尽可能使用具体性词汇。""具体性词汇是什么呢？简单来说，你可以理解为专有名词和数字。不用专有名词和数字的发言，难以给人留下印象。"

- 专有名词

在同类事物中，用以和其他个体区分开的名字，如人名、公司名、地名、国名、商品名、团体名等。

× 反面案例

对方："你在学生时代参加过什么社团活动？"

自己："拍电影。我去过很多外景地。"

> **✓ 正面案例**
>
> 对方:"你在学生时代参加过什么社团活动?"
> 自己:"我是电影社的,作为导演一年拍两部悬疑片。我去过很多外景地,比如冲绳的西表岛,北海道的礼文岛等等。"

反面案例里的回答很模糊,给人留下的印象也不深。

正面案例则加入了"一年拍两部""悬疑片""西表岛""礼文岛"等数字和专有名词,于是,你参加的社团活动就会给对方留下深刻的印象。

为了让说话内容具体,有些词最好不要用,比如"泛指代词"。

> • **泛指代词**:用来指代事物的词。

因为"泛指代词"也会让人的想象变得不确定。比如对话里出现"那个人"的时候,每个人想象中的"那个人"都会不同。如果使用具体的专有名词,那么大家就不会搞错。

◆ **泛指代词举例**

	离自己较近的	离对方较近的	离彼此都远的	不确定的
事物	这	那	那	哪
所属	这个	那个	那个	哪个
场所	这里	那里	某处	哪里
样貌	这样	那样	某样	哪样
方位	这边	那边	那边	哪边

[3] 用"个人经验"引起共鸣，增强说服力

如果在对话中加入具体的事例，人们就更容易想象，你的话也就更容易传达给对方。

而在具体事例中，"个人经验"最能提高说服力，并引起共鸣。

◆ **能提高说服力、引起共鸣的"个人经验"**

- 自己的所见所闻
- 失败的经验
- 最近的一件小事

节目编辑野吕映志郎说："能说出充满独创性的个人体会，

才是让人觉得你这个人有意思的根本源头。""比起电视或者网上的内容,你自己的所见所闻是**最棒**的。"[42]说到发现有趣话题的关键,野吕先生说,正是"自己脑子里浮现的疑问和不协调"。

关于选择话题,大家可以参考第5位"善用'万能话题',聊到停不下"。

× 反面案例

"我昨天吃了拉面,超好吃。"

√ 正面案例

"我昨天晚上去了新宿的××拉面店。明明天那么冷,居然还排了三十分钟的队。我吃的是好评最高的味噌拉面!分量给得特别足,上面满满的都是炒蔬菜和叉烧,连面都看不到了。汤底充满蔬菜味,倒是意外地清淡,我全都喝光啦。"

在反面案例里,对方只知道你去吃了拉面这件事而已,缺乏具体细节。

而在正面案例里,你说了拉面店的名字,还详细说了拉面看起来怎么样、味道如何,所以对方一听就很容易能想象到了。

很多人都认为,在"个人经验"里,尤其以"失败的经验"最能引起人们的共鸣和安全感。

多摩大学名誉教授、作家樋口裕一在他的著作《一分钟就能搞定的说话方法》[48]中写到和朋友及年轻人说话的方法时，就提到了"说个你有趣的失败经历"。

"只要是人，都会失败。一般来说，人们会对失败闭口不谈。但在这种情况下，你可以把它进行有趣的改编，让它看上去很滑稽好玩。比如读书时代的失恋经历、刚工作时的业务失败、出国旅行时搞砸的事等，题材应该是不缺的。"

在这些畅销书中，也有一种观点认为，同样是"个人经验"，"最近的经验"更容易让人留下印象。尤其是面试或者自我介绍的时候，可以准备一段最近的个人经历，把它作为一个小插曲具体地讲出来。

第9位
"附和"与"点头"是"有共鸣的信号"

要点
[1] 表示兴趣,且充满感情
[2] 要说出"感叹词 + 惊讶的点"

排在第 9 位的是"'附和'与'点头'是'有共鸣的信号'"。很多口才领域的专业人士都强调过"附和"与"点头"的重要性。

- **附和:** 配合对方的节奏做出回应,把听到的内容复述一遍。
- **点头:** 不时地上下点头,以表示肯定、赞同或始终在倾听。

"如果想让对方知道'我在认真听你说呢',最好的交流手段就是随声附和。"

"人是通过别人的态度来做判断的,所以附和就表示积极的态度。听众的积极态度正是通过附和,传达给了发言的人。"[49]

"人在说话的时候,会期待听众给出'反应'。""你有没有认真地点点头,传达出'我在听'的信号呢?"[36]

◆ **附和的效果**
- 让对方可以放心讲下去。
- 鼓舞对方。
- 拓展话题。

附和的种类
- 好感度高的附和

"是……呀。"

"那可太好了。"

"我头一次听说!"

"我今天才知道。"

"这可真够呛。"

"我会想你的。"

"不愧是你!"

"居然是这样!"

"开心吧?"

"真不错呀。"

"我也这么觉得!"

- 表示支持的附和

"是有这种事,我知道的。"

"还真的是这样。"
"我懂。"
"哦？那之后怎么样了？"

也有一些附和会让对方感到不舒服，比如下面这些就要避开。

不建议使用的附和
- 让人觉得你在质疑的

"骗人！""怎么可能？""真的吗？""怎么会……"
- 让人感觉不和谐的

"哦，这样啊。"（如果说了好几遍）
- 让人怀疑你到底是否在听的

"嗯嗯。""是啊。"（说得心不在焉）
- 让人误会你想表达"这些我都知道了"的

"好好好。"（持续不断地说）

[1] 表示兴趣，且充满感情

仅靠口头附和，对方并不会有反应。

如果想让对方心情愉悦地开口，你需要表达出"对对方话题感兴趣"的意思。为此,你要认真看着对方的脸,充满感情地附和对方。

管理咨询师兼作家安田正说过:"重要的是要认真听对方说话,然后在言谈举止中倾注感情。换言之,我们的目标是让对方感受到:'啊,这个人在认真听我说话呢。'"[18]

[2] 要说出"感叹词 + 惊讶的点"

最能有效表达充沛感情的就是感叹词了。

> • 感叹词
> 特别感慨(钦佩或感动)时发出的语词,比如"哎""哇""居然"等等。

TBS播音员安住绅一郎在和斋藤孝共同编写的《话语的力量》[35]中说:"你也可以'咡'地惊讶一声,或者'对'地赞同一声。这时候,你只要把你惊讶或者赞同的那个具体的点告诉对方,就能一下子抓住对方的心。"

有时候,单纯发出表示惊讶或共鸣的附和,仍不能让对方满足。这时候,我们就可以像安住绅一郎建议的那样,把"感叹词(表示共鸣的附和)"和"惊讶的点"组合使用。

举例

"哇,这双鞋不是很难买到吗?你是怎么入手的啊?"

这样一来,感情就会更加充沛了。

第10位
先道歉，后解释

要点

[1] 在解释和找理由前，先道歉

[2] 要立刻道歉

排在第10位的是"先道歉，后解释"。

很多口才方面的专业人士，都谈到过道歉和不辩解的重要性："不要顶嘴。""如果搞错了，就坦率认错。""要是在工作上被批评了，要先道歉。"

> • 辩解
>
> 为自己的失败找出这样或那样的无奈的理由，意图使其正当化。

心理学家内藤谊人在《人气王的黑色心理术》[22]中写道："'人气王'的技巧，就是在自己出错时马上道歉。一句'对不起'，对任何人来说都有效果。"

另外，古希腊哲学家亚里士多德在《辩论术》[45]中也如此写道:"面对不停顶嘴、否认罪责的人,我们会加重责罚;而面对认罪伏法的人,我们则会收敛怒气。""首先承认自己错了",就不会让对方的怒火更进一步升级。

无论年纪多大,无论取得过多少成功,是人就会遇到失败,会搞砸事情。

尽可能不犯错、不搞砸的确很重要,但**比这更重要的是,一旦犯了错、搞砸了事,之后要怎么应对**。因为不同的应对方式,很可能会导致结果大不相同。但基本来说,"首先就是道歉"。

◆ "立刻道歉"比想象中还要难

说到底,为什么人做不到立刻道歉呢?

口才达人们认为,其中一个理由就是:"因为觉得低头认错就意味着自己输了。"但其实正好相反。他们一致指出:

"低头 = 胜利"

"立刻道歉 = 有好处"

因为选择道歉,之后你的人际关系会变得更融洽。

关于发生问题时要怎么思考,作家兼心理医生五百田达成在《别让你的嘴,拖了你后腿》[3]中写道:"**工作上遇到问题时,你应该想的不是:'谁应该为此负责?'你唯一要思考的是:'如何沟通才能顺利解决?'**"

那么,要如何道歉呢?道歉时有两点需要注意。

[1] 在解释和找理由前，先道歉

当我们被别人"指出错误，提出批评"时，我们往往很难坦率接纳，总是会不自觉地抛出一些"解释"。因为这些解释可以为我们辩解，满足我们自己。

但是，解释是无法满足对方的。**你解释得越多，对方越会被激怒。**

所以不要解释，最重要的是道歉。

◆ 不辩解的好处

- 可以让事情结束。
- 可以提高好感度。

地铁延误导致见领导或客户迟到时，也是同样的道理。

× 反面案例

"因为路口出了故障，我被困在地铁上足足等了二十分钟。我从家里出门时是算好时间的。真的不好意思。"

√ 正面案例

"我来晚了，太对不起了。"

反面案例是先说理由，之后才道歉。虽然你迟到的原因可能是地铁延误,但让对方等你却是事实。所以,你应该先道歉。

正面案例则是不找理由,上来就道歉。你先道个歉,等对方问你:"出了什么事?"之后再解释具体原因。

尤其是在工作上被警告或被训斥的时候,即使明显不是自己的错(除非对方错得离谱),基本上也是要先道歉,不要找理由。

形象顾问吉原珠央在《成为好的聊天对象!44条规则》[10]中这样解释:"我认为上来就道歉的意思应该是:'让你产生了一些不愉快或者造成了误会,我为此而感到抱歉。'"

如果需要解释,可以在道歉之后找个合适的时机再说。另外,如果是被上司批评,那么在道歉之后,如果还能围绕被指正的缺点说几句表达感谢的话,也可以提升好感度。

道歉时的顺序

- 道歉

"对不起。""是我的错。"

⬇ (如果被问是怎么回事,或者觉得有必要,那就解释一下)

- 表示感谢

"谢谢您的纠正,我学到了。"

哪怕是对方搞错了,也最好不要顶嘴。比如这些话就最好避开:

"恕我直言……"

"容我说两句……"

"我明白你的意思,但是……"

"关于这点,我想说点不同意见……"

"都是因为某某说了……(把责任推到别人身上)"

[2] 立刻道歉

一个人在被批评、被警告时采取的态度不同,给周围人的印象和获得的评价也就不同。

最重要的一点,就是"立刻"道歉。

大野萌子在《特别会说话的人都这样说话》[5]一书中讲到了"道歉三原则",即:

- 承认事实
- 简单直接
- 尽快道歉

明治大学文学部教授、评论家斋藤孝,就在他的《开口就能说重点》[50]中写道:"你有没有过这样的经历,本来想说'对不起',结果想着'回头再说',最后就忘了说?尤其是特别想道歉的时候,反而会误以为自己已经道过歉了。"作者一再提醒我们:"不要忘了道歉。"

另外，根据情况，有时候只打个电话道歉还不够，这时候直接上门也很重要。

野吕映志郎在《说话有趣者的法则》[42]中就提到："要是出了问题，不得不跟对方道歉的时候，那么无论多么忙，我都会挤出时间，去登门道歉。"

因为，直接见面，一些细微的情绪更容易表现出来。

在100本畅销书中，也有些告诫我们"道歉不要太过头"。

明明对方已经打算忘记这件事了，你却总是记在心里，说："那时候真对不住你。"这就会起反效果。

社会心理学家涩谷昌三在《伤人的说话方法，捧人的说话方法》[11]中，就这么写道："都已经是尘埃落定的'过去时'了，当事人还特地翻来覆去地道歉，这也会让人觉得很烦。于是不觉间就会产生回避心理，也会产生不想遇见对方的情绪。"

有道歉的意识是很重要的。但是，也不要一直被这种意识牵着鼻子走。不如下定决心："同样的错误不要再犯。"以及想想怎样"把失败转化为成功"吧。

第11位
越精简越好

> **要点**
> [1] 删掉废话
> [2] 养成"断句"的习惯

写作方面的专业人士异口同声地建议我们:"不要说废话,写作要简洁。"在说话方面其实也是一样的。

很多讲话方面的专业人士都曾指出:"说话要精简。"

"只靠长话短说,你的话就能变成易传播的内容。"[40]

所谓"短说",指的是:

- 全部内容缩短。
- (用句号分开的)每个句子缩短。

为什么要"说话精简"呢?主要有以下两个好处。

◆ "说话精简"的好处

- 会让对方记住。
- 容易传播。

金泽工业大学虎之门研究生院教授、作家三谷宏治写道："人一次性能接受的信息量是有限的。15秒之内,90%的信息都会被忘记,在这之后还能记得的,数字最多7个,文字是6个,词语是5个。"[51]

长话短说更有利于传播,这点不仅跟记忆水平有关。

沟通顾问鹤野充茂在《聪明地说明"马上就好"的诀窍》[52]中就说:"说话的人越想要长话短说,他就越会谨慎地选择用词。"

因为反复琢磨用什么词能准确地表达意思,不必要的词就会被去掉,那么选出来的自然就是听众容易理解的词。于是,就会通俗易懂。

[1] 删掉废话

要想长话短说,删减很重要。

很多口才达人都建议,以下三种内容最好删除。

◆ 建议删掉的内容

(1)句头。

- "我觉得。""我认为。" ➡ "×××了。""是×××。"

例:"我觉得我要努力完成销售任务。" ➡ "我要努力完成销售任务。"

- "完成了×"(没必要地加动词) ➡ "×××了"

例:"完成了发售。" ➡ "发售了。"
- "关于……已经……"（像绕口令一样）➡ "×××了"

例:"关于开展新业务,这个已经做了。"➡"开展了新业务。"

（2）修饰语。
- "彻底""相当""猛地""决然""热情地"等。

（3）连接词。
- "然后""所以""不过"等。

[2] 养成"断句"的习惯

句子要尽可能短,然后用短句组合成篇。为了让句子变短,你要尽可能把一句一句都"断开"。"断句"的意思就是,用句号把句子分开。

× 反面案例

"昨天虽然是我出去干活的日子,但是因为早上的天气预报说下午很可能会有倾盆大雨,所以我就一边觉得好麻烦啊,一边把雨衣带上了。"

> **√ 正面案例**
>
> "昨天是我出去干活的日子。早上天气预报说下午可能会有倾盆大雨。我一边觉得好麻烦啊,一边把雨衣带上了。"

反面案例是用逗号连起来的一段话,而正面案例则用句号把它们分开了。分开之后,听众就更好理解了。

也有人认为,之所以发言会冗长啰唆,原因之一是没有归纳"发言的重点"和"期待听众听后要如何行动"等方面的内容。

所以如果你想进行一场完整的发言,最好**先准备一下要说什么,然后再说**。

第12位
说话时面带笑容

> **要点**
> [1] 笑容是可以练会的
> [2] 给笑容加料，拉近与对方的距离
> [3] 看情况选择要不要露出笑容

排在第12位的是"说话时面带笑容"。

如果希望对方再多说一点儿，或者觉得"想听这个人多说几句"，我们就要在所说的内容之外，再加上表情管理。

好表情带来的好印象，在商务、恋爱、亲朋好友关系等方面，都能发挥效果。

口才方面的专家们认为，要说"可以给人留下好印象的表情""人际交往中基本的基本"，那么毫无疑问就是"笑容"。

> • 笑容：嘴角上扬，浅浅微笑。

星涉在他的著作《沟通的方法》[34]中，曾经介绍过一项关于"问候"的功效的研究，是比较行为学家艾雷尼厄斯·埃伯

尔-埃贝斯费尔德（Irenäus Eibl-Eibesfeldt）实施的。

埃贝斯费尔德观察了生活在印度尼西亚巴厘岛的原住民，以及巴布亚人等拥有不同文化和信仰的人群，结果发现，虽然由于人种、文化、风俗的不同，他们各自形成了独特的问候方式，但他们的"问候行为"中也存在一些共同点。

"这一共同点就是：'当他们遇见人时，都会在对视时扬起眉毛大概0.2秒，然后露出微笑'。埃贝斯费尔德得出结论：'微笑'这一行为有助于缓解紧张情绪，降低彼此的攻击性。"

京都光华女子大学精英仕途培育课程客座教授、销售顾问和田裕美说："只要改善表情，就能营造出令人喜悦的气氛。"还说："只是笑笑，大家一定做得到。虽然是这么容易的一件事，但这一笑却一下子就能把你和别人的距离拉近。"[53]

专业演讲者们也认为："笑容是任何人都能轻易做到、好处也特别多的一种沟通方法。"

◆ 说话带笑的好处

- 因为说话时嘴角上扬，会给人留下亲和的印象。
- 如果倾听时也能面带笑容，对方就会感到自己的话被认真倾听，由此感到安心。
- 可以让对方放松。
- 可以消除彼此的戒心。
- 无论是说话者还是倾听者，心情都会很愉悦。

- 可以展现自信。
- 可以改变气氛。

面带笑容说话时，有三点需要注意。

[1] 笑容是可以练会的

尽管知道笑容的重要性，但如果突然面向公众，或者要进行不擅长的谈话，那么你就可能会因为紧张而面部僵硬，笑不出来。

如何能让自己更擅长说话带笑呢？

这就需要练习了。只要有意识地面带笑容说话，你就能够做到说话带笑。

自由播音员鱼住理英在《只用一天连声音都会变好的说话教科书》[44]中说："笑容会同步。""试着以这样的形象参与谈话吧，哪怕只是稍微嘴角向斜上方扬起。不想笑却挤出笑容，你可能会觉得不太自然，但效果是非常显著的。"

即使你并不想笑，但如果说话时面带笑容，你就会让对方感到放松，现场气氛也会变好，你自己也就更容易开口说话了。

下面来介绍100本口才类畅销书中讲到的若干种"笑容练习法"。

> **练习笑容的方法**
> - 哪怕是"假笑"也行,要坚持。
> - 早上对着镜子,露出你最满意的笑容。
> - 一句话说完之后,再加上一个无声的"一"。
> "期待下次再合作啊(一)。"
> "真的非常感谢(一)。"
> "早上好(一)。"
> - 不管遇到什么烦心事,无论心里多不愉快,总之,露出笑容。

[2] 给笑容加料,拉近与对方的距离

在笑容之外,如果还能加上声音的表现,并且注意眼神,那么你就更能给对方留下好印象了。

形象顾问吉原珠央认为,我们"也要注意眼神给人留下的印象":"要说露出笑容的简单要点,那就是:'嘴角上扬5毫米'。换言之,就是保持微笑。除此之外,我还建议大家注意眼神给人留下的印象。

"即使嘴上说的话很热络,要是眼中没有笑意,别人就会觉得你的热情只是表面功夫,其实是拒绝他人的。眼神和嘴角都是强大的信息传播器,就跟你的言辞一样。"[10]

永松茂久在《高效沟通：成功人士的36种说话技巧》[7]中也说："让对方知道自己有多么关注对方，这点很重要。"而有效表现这点的方法，就是："含笑倾听，说出自己的感受，以及用肢体语言回应对方。"

在这之后，他还继续讲了灵活使用"面部语言""声音语言"和"全身语言"这三者的重要性。

建议给笑容"加料"的元素

- 不止嘴角带笑，目光也要含笑。
- 脸上保持笑容，同时也要注意"声音语言"和"肢体语言"。

[3] 看情况选择要不要露出笑容

笑容在交流中是非常重要的，但也不是什么时候都要说话带笑。

我们要学会**判断场合和情况**。

户田久实在《高情商沟通：阿德勒告诉你情商高就是会说话》[54]中写道："认为'只要面带笑容就不会被讨厌'，这是妄想。"之后列举了一些"难开口的内容"，也是最好不要笑着说的例子。

◆ **不适合笑着说的内容**

- 拒绝对方的请求时。
- 提出会给对方添麻烦的请求时。
- 警示对方的时候。

如果说这些内容时,因为"不想被人讨厌"而选择笑着说,就会让人感觉不到严肃性。

户田先生最后评论道:"**有时候精心准备的笑容会让你想传达的信息变得难以理解,这时就带着认真的表情去说吧。**"

口才达人们的畅销书中,还举出了其他不适合笑着说的例子。

◆ **不适合笑着说的场合**

- 遇到同事的亲友生病的话题时。
- 客户讲到自己过去的伤心经历时。
- 没理由笑的时候。

我们在谈话过程中要感知对方的情绪,露出能理解和共鸣的表情。对方难过时,最重要的是可以体会这种心情。所以还是看情况,选择要不要露出笑容吧。

第13位
可以批评，但不要训斥

> **要点**
> [1] 不要否定别人的人格
> [2] 应该说"事实 + 要改进的地方 + 理由"
> [3] 批评要带着"尊重"和"爱护"

在公司里，我们会批评新人或下属。在家里，我们会批评孩子和配偶。在这种时候，我们"怎么说""怎么表达"，也会极大影响对方的接受和理解程度。

首先，"批评"和"训斥"有什么区别？
我们翻了很多辞典，里面的解释大概是：

- **训斥**
训诫与斥责，带有强烈的愤怒情绪。
- **批评**
用强硬的语言指出下属或晚辈的错误或缺点（并希望其改正）。重点在于传达希望对方注意的点。

而在100本口才类畅销书中，也有这样的解释："'批评'是出于让对方成长的目的，指出其缺点。'训斥'是将自己的怒火发泄在对方身上，是自私的行为。"

在本书中，我们会在"重点在于传达希望对方注意的点"的情况下，使用"批评"一词。

综合口才达人们的观点，批评的目的是："**为了让对方成长，鼓励对方改错。**"

帮助下属成长是老板和领导的职责。然而，不少人都感觉"批评"这件事很难："批评之后关系会变差吧？""不会让人觉得是精神操控吧？"实际上，**如果你的说话方式错了，的确可能会伤害对方，甚至有精神操控之嫌。**

大野萌子在《特别会说话的人都这样说话》[5]中就给我们敲响了警钟："在一个组织里，因为岗位高低和从业时间明确了某种'上下关系'，所以如果处于上位的人训斥或者控制处于下位的人，就会有精神操控之嫌。"

那么，口才达人们是如何批评下属的呢？要点有三个。

[1] 不要否定别人的人格

为了让对方成长而提出批评时，如果你稍微带了一些情绪波动，就会不自觉地说出否定对方人格的话。

> • **人格**：作为人的主体，性格，人性。

很多口才达人在谈论批评时"不能说的话"，都讲到了"不要否定别人的人格"。

不能说的"人格否定"用语举例

"你不行。"

"你干的活儿毫无意义。"

"你是不是傻啊？"

"傻子。"

"你不适合干这个工作。"

"真是粗手粗脚啊。"

"真吊儿郎当。"

"批评"要以人的成长为目的。 如果你用了这类"否定人格的用语"，别说成长了，对方连干劲儿都没了，自信也没了，自我肯定也会降到很低。到最后，就什么都干不了了。

所以批评别人时，我们不能盯着对方的"人格"。

除此之外，我们也不能说"追问（无法回答的）原因的话"和"有自保之嫌的话"。

不能说的"追问原因"的用语举例

"你怎么连这都做不到?"

"为什么任务这么晚才完成?"

"你干吗不按我说的做啊!"

不能说的"有自保之嫌"的用语举例

"因为你搞砸了,我都被连累了。"

[2] 应该说"事实 + 需要改进之处 + 理由"

那么,批评时我们应该关注的是什么呢?

口才达人们建议,应该关注"干了什么"和"事实"。

不是针对"人",而是针对"事"提出批评。

在这个过程中,"具体地"提出"希望你如何改进",并且加上"理由"也是很重要的。

换言之,就是把"事实+需要改进之处+理由"组套来说。

以公司新人开会迟到的应对方法为例,就是如下这样:

✕ 反面案例

"你也真是太吊儿郎当了,就不能靠谱点儿吗?"

✓ 正面案例

"今天开会你迟到了二十分钟,是吧?我觉得,还是不要迟到比较好。参加团队会议时,我希望大家能遵守时间。毕竟要是有什么事只有你没听到,说不定工作上会出问题。要么咱们一起想个办法,看怎么能不迟到吧?"

在反面案例中,"吊儿郎当"就是对人格的否定。而且后面的要求"就不能靠谱点儿吗",也说得很空。

正面案例则不涉及人格,先讲了"开会迟到二十分钟这件事"(事实),接着明确交代了"希望对方遵守时间"(应该怎么做),并且联系到了"工作上出问题"(理由)。

◆ 最好不要用的"空话"

"靠谱点儿。"

"好好干。"

"差不多就行。"

"认真做。"

[3] 批评要带着"尊重"和"爱护"

批评是"为了让对方成长,鼓励对方改错",所以我们一定要注意对对方的尊重和爱护。

正因为我们**批评时很容易感情用事**,所以必须要有意识地**心怀尊重**。

最后我们来介绍一本书,这本书将批评的要点写得很好记,刚好也可以作为这部分的总结。

阿川佐和子在《批评的力量》[55]中讲到了一条口诀——杂志的主编传授的"批评的秘诀"——"三要四不要"。

◆ **批评的秘诀:"三要四不要"**

要讲道理。

要说得简要。

要私下批评。

不要感情用事。

不要涉及人品(性格、人格)。

不要和他人比较。

不要耿耿于怀。

在口才类畅销书中,有很多本都讲到了怎么批评孩子,所以在这里也做一个总结。批评下属时也可以作为参考。

批评孩子的方法要点

- 尽可能不要说:"不行!""不对!"
- 关注过程(不要否定孩子的能力或做法)。
- 要说出父母的心情。
- 只批评行为(不否定人格)。
- 要解释为什么。
- 要使用小孩子能理解的字词。

第14位
与长辈或上司说话要注意礼貌

> **要点**
> [1] 面对上司或长辈,要从"用词"开始注意礼貌
> [2] 想提意见,也要先等对方说完
> [3] 不要等被问了才做汇报
> [4] 牢记"求教"的姿态

我们与上司或长辈说话时,很容易因为紧张或需要注意礼节,不自觉地变得话很少。

但只要我们记住说话的诀窍,就可以很好地和他们交流了。

很多口才达人认为,在跟长辈说话时,最重要的是"注意礼貌"。

不过也要牢牢记住,即使对方是长辈,我们也不能"过度谦逊","自己的想法"也要"说清楚"。

多摩大学名誉教授樋口裕一说:"或许在有些公司,点头哈腰的人可以得到晋升,但是这样的公司都走不远。尽管当面反驳不太好,但只要是在一个正规的组织里,能够敏锐发现上司弱点的人就应该被高看一眼。"[48]

[1] 面对上司或长辈,要从"用词"开始注意礼貌

面对上司或长辈,我们要记得,**不只是举止要礼貌,遣词造句也要注意礼貌**。

反过来说,以下这些就是要避开的:
- 有俯视感的词
- 带善恶评价的词

> • **俯视感**
> 上位者对下位者说的话、做的动作。也包括对某人露骨地表示鄙视。

有"礼仪界的魅力领袖"之称的金森贵子,在她的著作《入职第一年的商务礼仪教科书》[56]中讲到,为了避开"俯视感",建议大家"**将命令句改为祈使句、询问句**",以及"**使用缓和性短句**"。

> • **缓和性短句**
> 在进入正题之前加上的一句话,起到缓和语气的作用。比如"要是方便的话""要是不算太麻烦的话""不好意思打扰了"等。

同样的内容,只要加上一两句体贴周到的话,给人的印象就会大不相同。

"将命令句改为祈使句、询问句"举例

× "过来。"（命令句）

⬇

√ "请过来一下。""可以过来一下吗？"（祈使句/询问句）

"使用缓和性短句"举例

"要是方便的话，我可以说个事吗？"

"不好意思打扰了，可以占用您一点儿时间吗？"

"俯视感、带善恶评价"改为"表示尊敬"举例

× "干得不错。"

⬇

√ "太佩服了。"

⬇（如果想更有礼貌的话）

√ "真是让人五体投地。""对您深感钦佩。"

不只是对本公司或合作方公司里的长辈要如此，面对身边的中老年人，用语也要礼貌周全。

比方说，和祖父母要怎么说话呢？茶道大家盐月弥荣子在书里给了我们提示：

"'幸亏有爷爷在啊''我还有好多东西要跟奶奶学呢'……让他们切实感受到'被需要'，精神振奋起来吧。"

"年轻人有义务体察和照顾中老年人特有的心思。这种温和的照顾，无疑会让中老年人精神振奋，并心怀喜悦地接纳。"[8]

另外，也有些口才达人认为："无论什么头衔、什么地位，说话方法和心态都应该保持不变。"

[2] 想提意见，也要先等对方说完

前面说过，尽管面对上司或长辈，**我们也不能"过度谦逊"，"自己的想法"也要"说清楚"**。

因为如果不说清自己的想法，就会产生很多负面效果，比如："养成被动的习惯。""被人轻视。""无法被人高看一眼。"所以还是清楚地把自己的想法说出来吧。

不过话虽这么说，要是你想提意见的话，还是要注意一下步骤和技巧。比如突然提意见，说："科长，你做得不对。"对方恐怕会产生防御心理，也就听不进去你的意见了。

要想提的意见被接受，大体来说有两个关键点。

提意见被接受的关键
- 使用缓和性短句。
- 先接受对方的观点。

福田健在《女人靠说话方式可以改变九成》[57]中，写到了提

意见时有软化作用的"缓和性短句"。

> **软化意见的"缓和性短句"**
> - 我想说点儿不同意见……
> - 我瞎说几句……
> - 抱歉，我可以说几句吗？
> - 好紧张啊，不知道我能不能说明白。
> - 不好意思，能听我说一下吗？
> - 可能是我弄错了，但我是觉得吧……

提意见的时候，如果我们用"明朗、爽快的语气"将这些"缓和性短句"说出来，对方也就会愿意听了。

如果遇到了特别难对付的上司，就更要讲究方式方法。

樋口裕一介绍过一种方法，以赞同的语气先罗列观点，最后再加上要提的意见。"先说：'您说得很对。因为……'之后延伸开来，举出各种论据。在这个过程中，在末尾稍微加一点儿要提的意见，类似这样：'不过呢，像……这种情况，也得考虑一下。'"[48]

提意见这事，无论如何都会让对方感到不愉快和紧张。

但只要你说了："您说得对。"接受了对方的观点，那么不愉快与紧张感就会缓和。

在这之后，你就可以在末尾加上自己的反对意见了。

[3] 不要等被问了才做汇报

口才达人们建议，给上司的"汇报（报告、联系、讨论）"，应该在被问及之前进行。

当上司问道："前两天的活动报告怎么样了？"我们可能会慌张回答，然后发现自己报告还没做好。也可能会语无伦次，话都答不上来。

如果我们能按照自己的时间表提前汇报，我们的报告就会非常优秀。

除此之外，达人们还举出了不提前报告的坏处，比如：

- 如果不问就不报告，会让人误会你缺乏自主性，是个"消极分子"。
- 会让人觉得你工作没有按时完成。

向上司报告时，在说话方法上要注意几点。

向上司报告时，说话方法上的注意点

- 先说结论。
- 要说"事实"，不要说"想法"。
- 灵活使用"5W3H"。

"5W3H"指的是时间（when）、地点（where）、人物（who）、原因或动机（why）、事件或项目（what）、怎么样

（how）、数量（how many）、价格（how much）。

就是在我们常说的"5W1H"的基础上，又加了数量（how many）和价格（how much），这样我们的报告就会更为详尽。

贝利特斯股份有限公司（VERITAS）董事长户塚隆将在《麦肯锡精英这样实践基本功》[58]中，曾经推荐过"**提醒型汇报（报告、联系、讨论）**"。

"我个人认为……这样可以吗？"这就是一边提醒一边讨论的方法。

"提醒型汇报不仅能提高工作效率，还能加强上司对你的信任。"

另外也有人认为，如果在公司电梯里和上司单独相处时也能"自己主动"开口说话，上司会更认可你的积极性，对你的印象也会很好。

[4] 牢记"求教"的姿态

在和长辈接触时，有时候我们会不知道该说什么。若年龄差距很大就更是如此。这种时候，"求教"的姿态就很重要了。

"热情与沟通培养学校"董事长桐生稔在《聊天的一流、二流、三流》[6]中说："人类就是由长辈指导晚辈的。"并解释道："正如人类想要繁衍后代一样，长辈对晚辈传授经验是铭刻在

DNA里面的。"也就是说,当我们"知道人类有指导欲时,我们就可以找到和长辈说话的要点了"。

如果我们以"求教"的姿态和长辈接触,对方就会想要"教你点什么",这样你不仅能获得对方的喜爱,你们的谈话也会变得热络起来。

× 反面案例

"科长,您每次资料都做得好快啊。"

√ 正面案例

"科长,您每次资料都做得好快啊。怎么样能做得像您这么快呢?"

反面案例只说了"好快"这个感想,话题就结束了。而在正面案例里,因为说完感想又提出了问题,就表现出了"求教"的姿态。

总结要点就是,要恳求对方的指导,像这样说:**"要怎样才能做成这样呢?""为什么您能做到这样呢?"**只要做出"求教"的姿态,即使面对不好接待的客户,谈话也能顺畅进行。

第15位

沟通时要用明确、易懂的词

要点

[1] 术语要追加解释
[2] 同音异义词要换成更容易明白的词
[3] 要少用外文词

排在第 15 位的是"沟通时要用明确、易懂的词"。

所谓"明确、易懂的词",指的是"小学生也能明白的词""对方非常熟悉的词"。

美国第 16 任总统亚伯拉罕·林肯就以演讲通俗易懂而为人称道,据说他就一直注意**"要换成任何孩子都能理解的简单的字词"**。[41]

在谈话中,我们要选择"对方非常熟悉的词"。如果我们对身边的孩子说话时,使用我们在职场和客户说话时的词,孩子是没法理解的。

反过来,如果我们用和孩子说话的词,跟工作上的合作方谈话,也会给人留下幼稚的印象。

所以"看人选词"是很重要的。

> **× 反面案例**

客人:"麻烦一杯热咖啡。"
店员:"好,hot(热)是吧?"

> **√ 正面案例**

客人:"麻烦一杯热咖啡。"
店员:"好,热咖啡是吧?"

在反面案例中,店员把客人的用词换成了自己常用的词。
而正面案例则是原样重复了一遍客人说的词。**这样贴近了客户,谈话也进行得很舒畅。**

[1] 术语要追加解释

当综艺节目里出现专家评论时,大家有时候会感觉不知道对方在说什么。

主要就是因为:

"听不懂的术语太多了。"

"观众没有这些知识储备。"

GiXo股份有限公司董事、市场战略总管田中耕比古在《从老是说不对到特别会说话》[13]中说:**"专家的话之所以难以理解,**

是因为他们没搞明白'观众想在什么水平上理解事物'。"

在和非专业人士聊天时,我们要事先问一句:"你想知道什么?"如果是不方便直接问的情况,我们就要在谈话过程中观察对方的表情,借此判断对方"能听懂/听不懂的词"以及对方的"理解度"。

即使是做报告或者和客户开会,如果我们用了自己习以为常的术语,也可能会发生对方无法理解、对话进行不下去的情况。

除非我们知道对方有相关知识储备,否则,我们还是要:

"尽量不使用术语。"

"使用术语时,做补充说明。"

还有一类是通常仅在行业内使用的词语。

也就是所谓的"行业术语"。行业术语只能在熟知这个术语的行业内使用,在其他地方就要替换成别的词语。

× 反面案例

"稿子第25页第3行,整个圈掉吧?"

√ 正面案例

"稿子第25页第3行,整个删掉,再在空白处填上后文吧?"

"圈掉"是校对(改正书稿)用语,指的是"删去不要的部分"。这个词在出版行业内使用的频率很高。反面案例的说法,对不熟悉出版行业的人来说，就不知道是什么意思。

而正面案例则将"圈掉"换成了容易理解的说法。

如果要使用术语或行业术语，前提是你自己的理解必须是准确的。

要是你自己都不清不楚，那也就没办法向对方准确解释了。

[2] 同音异义词要换成更容易明白的词

有时同音异义词会产生歧义，这时就要在对话中换个说法。

> • **同音异义词：** 指发音相同、意义不同的词。

× 同音异义词引起歧义的例子 1

"礼物的话，我喜欢 shí wù。"

- 食物：吃的东西。
- 实物：客观存在的东西，有具体形体的东西。

× 同音异义词引起歧义的例子 2

"请各位画出脑海中的 xīng xing。"

- 星星：夜空中的发光天体。

- 猩猩：一种哺乳动物。

除非根据上下文可以明确含义，否则，如果用了同音异义词，之后要补充说明。

[3] 要少用外文词

在工作谈话中，我们总会频繁使用外文词。但是有的时候，对方其实并不明白。

- **外文词**

  指用外文字母或者音译而来的词语，也包括已经在日常生活中扎根的外来语。

建议只在彼此都理解词义的时候使用外文词。要是有人不理解，还是换成别的词吧。

◆ **职场中使用的外文词举例**

外文词	中文词
B2C	商家向消费者提供服务
CC	邮件抄送

CEO	首席执行官
CFO	首席财务官
COO	首席运营官
DAU	每日活跃的用户数量
DDL、死线	最后期限
Demo	小样，样品
FYI	供你参考
GM	总经理
HR	人力资源
JD	岗位说明，岗位描述
KOL	意见领袖，在特定领域有影响力的人
KPI	关键绩效指标，主要绩效指标
MKT	市场部，营销部
OFO	线上与线下融合
P2P	个人对个人
PA	个人助理
PAR/partner	合伙人
PM	项目经理，产品经理
PR	公共关系
PRE	报告、演讲、演示
Q1—Q4	第1—4季度

ROI	投资回报率
sign	签约
SNS	社交网络
SOP	标准操作程序
VP	副总，高层中的副职

第16位
不说、不听、不参与坏话

要点
[1] 不要附和坏话
[2] 尽量转移话题，或者离开

排在第16位的是"不说、不听、不参与坏话"。

很多口才达人的畅销书都认为：

"不要说人坏话。"

"不要发牢骚或者抱怨。"

"不要传别人的'八卦'。"

为什么人会说别人的坏话呢？书中列举的理由大概有"缺乏自信""减少压力""以说人坏话或批评别人为乐"等等。

那么，为什么最好不要说人坏话呢？

因为说别人的坏话，不仅会恶化人际关系，而且对健康也有不好的影响。

"压力荷尔蒙会增加。"

"如果一直说别人坏话，患老年痴呆症等疾病的风险会增加。"

"人际关系会变差。"

"会变成专揭人短处的'名人'。"[59]

星涉先生曾经讲过"不要说别人坏话"的科学依据。根据在美国进行的某项实验,结果显示:"**主动赞美别人、讲'正向闲话'的人,相对而言更容易让对方感到亲近。**""**传播第三者的负面闲话的人会被讨厌。**"[34]

说人坏话,"有百害而无一利"。所以我们还是不要说别人的坏话了。

[1] 不要附和坏话

比较麻烦的是,有时候即使自己并不想说别人的坏话,但是其他人会说不在场的人的坏话给你听。

遇到这种场合,要点就是,当对方开始说人坏话,你**不要肯定也不要否定**。只要听着,然后说:"这样吗?""好吧。""哦。""这样啊。"

即使真错了,你也不要附和:"还真是这样。"然后一起说起别人的坏话来。

斋藤茂太在《好话缔造好人生》[30]中,讲到过因为说坏话而丧失信任的问题。他说:"你觉得,跟你一起说人坏话的人,事后你还能绝对地信任对方吗？我可能会疑神疑鬼，心想：'你现在是顺着我说，等哪天换个地方，说不定会顺着别人说我坏话呢。'我就没法再信任对方了。"

[2] 尽量转移话题，或者离开

"说坏话"这种行为，越是有人共鸣，越是容易内容过激。口才达人们建议，当周围人坏话说得越来越热闹的时候，你可以**"转移话题""岔开话题"**。

精神科医生片田珠美在《成熟大人回嘴的艺术》[60]中写了这样一段话：
"如果对方一个劲儿地发牢骚，我们就应和几句'这样啊''是吧'，然后接上一句'说起来'，再说自己想说的话题。"
"像这样反复几次，对方可能就会注意到：'他应该是不喜欢听我发牢骚吧。'"

如果你们坐在一起，而且对方看起来要说很长时间，你可以说一句："我去一下洗手间。"或者："我突然想起来有件事要做。"然后离开那里，这也是个办法。

重要的是要远离"坏话"类的话题和"总是说坏话的人"。

福田健在《女人靠说话方式可以改变九成》[57]中，讲到了人们想说坏话时的心理："人们就是想在谈话中夹点儿坏话，这是禁止不了的。"

最后总结一下：

- **不要过分**

要小心过分的坏话（心怀恶意、过激的坏话）。保持在别人听了会说"这样吗？""没有吧？"这个范围里。

- **要选择听你说坏话的对象**

竞争对手的坏话不要跟职场上的同事说，可以说给关系好的闺密们。

第17位
加上肢体语言和手势

> **要点**
> [1] 做报告时要意识到肢体语言
> [2] 用镜像实现合拍
> [3] 手势不要过大

在口才类畅销书中，有19本讲到了**如果加上"肢体语言和手势"，信息会更容易"传播""好理解""更有说服力"**等。为什么加上"肢体语言"和"手势"后，会更容易传播呢？

这是因为"比起'所说的内容'，'说话方式'及'肢体语言'更容易给人留下印象"的法则。

> **● 肢体语言**
> 指身体动作、手势、面部表情等，有时也包括外表、服饰等。

很多畅销书尤为喜欢提到的，就是美国加利福尼亚州立大学洛杉矶分校的阿尔伯特·梅拉比安教授提出的"梅拉比安沟通模型"。该模型将谈话分成"语言性的"和"非语言性的"两类，认为信息是按照如下比例传达给对方的：

◆ 梅拉比安沟通模型

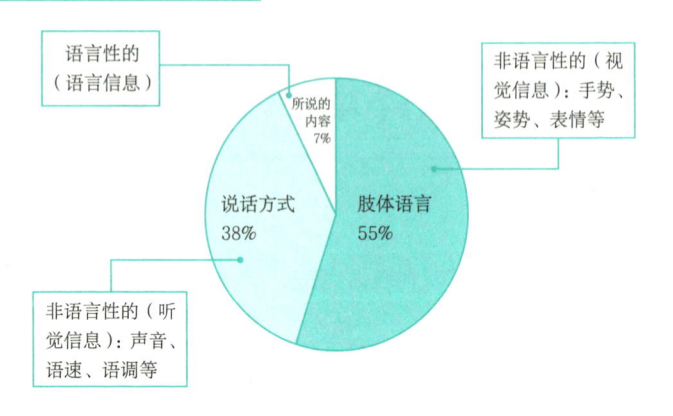

语言性的
（语言信息）

所说的
内容
7%

非语言性的（视觉信息）：手势、姿势、表情等

说话方式
38%

肢体语言
55%

非语言性的（听觉信息）：声音、语速、语调等

梅拉比安在实验中发现，如果语言信息、听觉信息、视觉信息这三要素之间发生矛盾，那么非语言性要素最能给对方留下印象。

也就是说，如果是"一边笑一边批评"，那么比起"批评"的内容，看到的"笑容"印象更强烈，对方就会认为"这并不是认真的批评"。

[1] 做报告时要意识到肢体语言

顿悟学习股份有限公司董事长箱田忠昭认为："说话方法和肢体语言，几乎就决定了人能否给对方留下好印象。""做报告时，肢体语言更重要。"[14]

当然，说话的内容是很重要的。但如果你的态度唯唯诺诺，低着头小声嘀咕，也很难给人留下印象。特别是**像做报告这种公开演讲的情况，我们需要在说话时有意识地调动肢体**。

另外，《乔布斯的魔力演讲》[17]中，记录了芝加哥大学大卫·麦克尼尔博士发现的手势和言辞之间的关系，具体如下：

"运用手势和肢体语言，可以帮你理清思路，在报告中完成一场出色的演讲。相反，要是控制身体不动，你的注意力会意外地被分散掉。"

所以在报告时运用手势和肢体语言，确实好处多多。

[2] 用镜像实现合拍

说话的时候，既有合拍的人，也有不合拍的人。"合拍"，指的是彼此心意相通的状态。

当遇到和对方不合拍的时候，我们可以使用"镜像"的办法。"镜像"，指的是**像镜子中的影像一样，模仿对方的动作**。要是对方拿起咖啡杯，我们也若无其事地拿起来。要是对方打了个哈欠，我们也可以打个哈欠。**只要做出模仿动作，就能达到合拍的状态**。

[3] 手势不要过大

做手势的重点始终是"自然"。要是手势幅度过大,反而会让人觉得你不自在。不过,据说**"合适的手势幅度,是跟听众的数量成正比的"**。如果听众比较多,那就应该做出夸张的手势。

下面是我们从口才达人们的书中总结出来的代表性手势和要避开的手势,介绍给大家。

代表性手势

- 当你想说"有三个要点"时,将三根手指竖起,放在嘴前示意。伸出的手不要动。
- 需要指向某人时,将手指并拢,手心朝上,向人伸出。

要避开的手势

× 把手放在衣服、头发、手表或戒指上。→ 对方的注意力会被你的指尖吸引,让人觉得你不自在。

× 一边摸着脖子一边说话。→ 会传达出"缺乏自信""感到内疚"的信号。

× 手插在口袋里。→ 看起来"无所谓""对什么都不关心"。

× 双手叉腰。→ 看上去有挑衅意味。

× 抱着肩膀。→ 看起来像是要否定什么的挑衅态度。

第18位
不要打断对方说话

> **要点**
> [1] 听人把话说完
> [2] 不要"中途抢话"

排在第18位的是"不要打断对方说话"。在口才达人们的书中，往往也会用"不插话""不抢话"这样的说法。

在谈话过程中，不打断、不插话、听人把话说完是很重要的。

[1] 听人把话说完

在第14位中，我们讲到了不要打断上司和长辈说话。然而，即使对方是下属，或者是第一次见面的人，也要"听人把话说完"，"不要中途打断"。

雅虎日本的常务执行董事本间浩辅，在《雅虎一对一》[4]中写到了"听人把话说完"的好处。他认为，上司听下属说话时要集中注意力，这样"随着（下属的）讲述，自己的想法也会渐渐变得明晰、深入"。

除此之外,"听人把话说完"还有如下好处:
- 可以让谈话变得热络。
- 会让对方产生好感。
- 有利于培养有想法的下属。
- 能获得大家的喜爱。
- 可以让对方感到安心。

◆ "不听人说完"的行为举例(错误示范)

- 中途插话,改变话题

对方正说到一半,你插一句"说起来""比起你这件事""还是说说……吧",接着就打算换个话题说。

- 还没听完,就开始总结

不等对方说完,你就总结道:"换句话说,你就是……这个意思,是吧?"之后就打算直接往下说。

- 话说一半,突然提问

对方话正说到一半,你听到感兴趣的地方,就发问:"×××是什么啊?"

- 抢人话题

明明是对方提出话题并开始讨论的,你插了一句:"没错没错!""我知道我知道!"然后就把对方话题抢走了。

如果听人家说完之后,你有想问的问题,这时最好在对方说完之后,再等三秒左右。

要是你自己有想说的话，那么在对方说完之后，你可以回应一句："居然有这样的事呀。"然后说："我也有件事想说，行吗？"等对方表示"没问题"后就可以开始说了。

[2] 不要"中途抢话"

聊天时如果遇到了共同点，气氛就会热烈起来。若是第一次见面，那么就更是如此。

当发现共同点后，我们会不自觉地说："我也是。""我也……""我就是。"接着就会想说出自己的情况。

这时就会发生"中途抢话"的情况。

归根结底，我们寻找"共同点"的目的，是"想要了解对方""想听对方说出他的故事"。

如果是对方先提出的话题，那么我们就不该中途抢话，而应该以对方为中心来讨论。

× 反面案例

对方："我这个周末都在搞园艺。"

自己："竟然！我也好喜欢园艺啊。"

对方："那我们好像呀。你养了什么植物？"

自己："我养了好多香草类，毕竟还可以拿来做菜。"

> **✓ 正面案例**
>
> 对方:"我这个周末都在搞园艺。"
> 自己:"竟然!我也好喜欢园艺啊。你养了什么植物?"
> 对方:"有很多种。现在正是扶桑和三角梅的花期,只看花园的话,感觉好像在南方似的。"

在反面案例里,明明是对方提出了"园艺"话题并打算继续聊下去,我们却用"我也……"表达认同后就抢走了话题,开始说起自己来。

而正面案例则在表达认同后再丢出问题,这样对方就又成了讨论的中心。

如果之前的对话里我们自己是讨论的中心,那么说完之后,我们可以问上一句:"你怎么样?"

对话是你和对方一起完成的。除了采访或报告这类情况外,我们都要规避一方只管说、另一方只管听的情况。

不过,的确也有说话没重点、啰里啰唆的人。河野英太郎在《选择的力量》[32]中提出了一个"不让对方不悦又能战略性打断的诀窍",也就是适用于这种情况的三个步骤。这里我们总结性地介绍一下。

不让对方不悦又能战略性打断的诀窍

①加入话题:"这样啊,就是……对吧?"

②一边确认一边梳理对方所说的内容:"我确认一下,是不是就是……"

③梳理完聊天内容后,再加上一句总结:"原来如此,就是……呀!说起来,我有个别的事想说……"

第19位
讲话要主题集中

> **要点**
> [1] 话题的重心（主题）只能有一个
> [2] 把"某事有三"变成口头禅

当我们有很多话要说时，总是不自觉就想东扯一句西扯一句。如果是私人闲聊，可能也没什么问题，但**在工作中还是要尽可能集中主题**。

总结一下口才达人们认为的"主题集中的好处"，可以得到如下三点。

◆ 主题集中的三个好处

- 容易给人留下印象。
- 对方容易记忆。
- 通过集中任务或观点，可以高效地利用时间。

[1] 话题的重心(主题)只能有一个

当我们进行公开演讲时,重心或主题只能有一个。

由小林康夫和船曳建夫编撰的东京大学教养学部参考读本《知识的技法》[38]中认为"在口头报告中,**最关键的就是要点**",其中提到了"**讲事情要重点明确**",并且"**请尽可能简洁明了地总结出你最希望听众记住的内容**"。

中谷彰宏在《面试达人》[47]中说:"**主题只能有一个。如果你觉得:'我不知道该选哪个主题呀!'那么,选择唯一主题的标准,就是最有意思而且能成为你招牌的内容。**"

无论是公开演讲,还是参加面试,重要的是只讲"最希望对方记住"的内容。

关于提炼主题的办法,有一本书里讲到了秘诀:

"你可以问自己:'为什么对方要关心这个想法/资讯/产品/服务?'如果只能说一个交谈结束时希望对方记得的点,它是什么?"[17]

即使是汇报演示这种可以说很多主题的场合,建议也不要讲太多。

记者池上彰说:"就算你的汇报时间有3分钟、5分钟甚至15分钟,你的演讲主题同样也是一个就够了。"[2]

因为如果你打算在15分钟内讲多个主题,内容就会"不好消化,结构松散"。

[2] 把"某事有三"变成口头禅

在发言过程中,提炼主题也很重要。

那么,要怎样提炼主题呢?

总结口才达人们的意见,就是"三点"。

大家应该经常听到"某事有三"这种总结句式。

很多管理咨询师以及像亚马逊的杰夫·贝佐斯、阿里巴巴的马云等世界顶级精英们,都会把"某事有三"作为口头禅。

可为什么是"三"呢?

冈本纯子给出的理由是:"因为'三'是一个魔法数字,既不太多,也不太少。这是个自古以来就被重用的'好数字',像'过去、现在、未来'啊,'金、银、铜',等等。"[24]

户塚隆将则写道:"支撑观点的根据或理由,如果过多或是过少,效果都会减半。比如一个就太少,而五个又太多。支撑结论信息的点,三个最为合适。"[58]

"某事有三"的"某",可以替换成"理由(依据)""好处""重点""任务"等。

> **"某事有三"的应用举例**
>
> - 结论
>
> "某事的结论是……"
>
> - 理由
>
> "理由有三个。第一个是……第二个是……第三个是……"
>
> - 结论,总结
>
> "因此,某事的结论是……"

如果你说"要点有三个""有三个理由",那么听众就更容易"做好倾听的准备"。

伊藤羊一说:"演讲的时候,如果你伸出三根手指,说:'理由有三个。'那么瞬间,听演讲的众人就会开始动手做笔记了。"[1]

第20位

无论谈话还是汇报，关键在"开头"

要点

[1] 说对方"想听的话题"
[2] 不要说"我不擅长演讲"

排在第20位的是"无论谈话还是汇报，关键在'开头'"。

口才达人们会用"重视引子""开场非常重要""重视'切口'"等方式，来强调"发言最初部分（开头）的重要性"。

- **引子**：帮助引入正题的话题。
- **切口**：为了吸引观众而最先说的事。

为什么发言的开头很重要呢？

主要有以下四个原因。

◆ 开头重要的四个理由

- 让听众头脑振奋，容易留下印象。
- 在注意力最集中的时刻，抓住听众的心很重要。

- 一开头抓住听众的心,接下来就简单了。
- 因为对方的期待很高。

没有引子(开头)的例子

"下回一起去吃饭吧?"

有引子(开头)的例子

"涩谷有个下午茶超好吃的店,有三四种点心甜度低却很好吃,三明治也是一绝。电视节目里还介绍过呢!怎么样,下次一起去吃吧?"

在有引子(开头)的例子中,前两句的内容就属于"引子"。在你约会或约朋友的时候,如果有个引子,对方就会更有期待,你也就更容易获得肯定的答复。

[1] 说对方"想听的话题"

在做演讲或汇报演示时,事先计划好开头要说什么是很重要的。

中谷彰宏在《为什么他擅长在人前讲话》[43]中说:"做演讲的时候,只要确定了要怎么引入、怎么结尾,我心里就有底了。只要定了怎么开头,我就可以游刃有余地登台了。如果登台之后才眼神游移地思索要说什么,节奏就会乱掉,演讲也就做不好了。"

那么,什么样的话比较适合当"开头"呢?我们综合了一下口才达人们的观点,结论如下:

适合开篇(开头)的话题

- 当天刚发生的一件小事

"今天来这里的路上,我正好看到了一位三十多岁的女士……"

- 刚从别人那里听来的故事

"昨天我朋友跟我讲了一件事。"

- 和正题相关的话题

幽默:准备一些能让气氛热闹起来的好玩段子。

惊喜:"意外"的内容更容易让人记住。

从问题开始:人在面对提问时,会有回答的本能,也因此会对话题产生兴趣。

自白:"其实我这个人……"也是种有意思的开头。

引用:引用让你印象深刻的话。

总之,说"对方想听的话题""对方感兴趣的话题"是很重要的。

[2] 不要说"我不擅长演讲"

口才达人们建议我们,即使不擅长说话,也不要说:

"我不擅长演讲。"

"我是突然被叫上来的。"

因为听起来很像是在找借口。

◆ 开头最好不要说的句子

"我这个后辈在各位前辈面前献丑了……"

"站在这里,真是惭愧得很……"

"我真的不太擅长讲话……"

"我也是突然被叫上来的……"

"(第一次见面打招呼时)我们公司是个有××年历史的公司……"(比起介绍公司,应该先介绍自己。不过如果是公司的老板,那就可以从公司说起)

专题
如何挑选口才书？

◆ 选择讲"自己想学的口才技巧"的书

写作本书时，我们也是从挑选口才书开始的。

在线上书店搜索"口才"这个关键词之后，居然得到了一万多条搜索结果。这可多得超过我们的想象了。

口才书的作家有各种各样的头衔：播音员、礼仪讲师、心理咨询师、企业家、前政治家、广告人、顶级推销员、网红主播……

而这些书的切入点，也有"闲聊""如何讲解""沟通方法""汇报演示时怎么说"等等，种类繁多。那么在这些作品中，如何找出适合自己的书呢？主要有三点。

• 选书的要点
①搞清楚："我想了解什么情况下的说话方法？"选择其头衔符合你目标的作者。
②选择"我喜欢他的说话方式的作者"的书。
③如果只是想找本口才书看，那就选"闲聊"类。

① 搞清楚："我想了解什么情况下的说话方法？"选择其头衔符合你目标的作者。

首先，最重要的是"明确目标，在自己想学的口才类别中，选择在本类里活跃的人写的书"。

如果想学习播音员的说话方法，那就选播音员写的书。

如果想知道汇报演示时怎么说话更有说服力，那就找擅长汇报演讲的管理咨询师的著作。

若是想围绕说话时的礼仪获得一些知识，那么就看看礼仪讲师写的图书。

这就是找到自己想要的"口才书"的捷径。

只要仔细看一下作者头衔或者作者简介，就可以选出来了。

另外，我们也经常会看到同一位作者改变主题写书的情况，比如"如何讲解""提问的技术""闲聊""词汇的力量"等等。

在这种时候，我们也只要参照自己想提高的方向，选择合适的书就好。

② 选择"我喜欢他的说话方式的作者"的书。

在本书提到的图书作者中，有很多是常在电视上露面的播音员、记者等名人。

"这个人讲话通俗易懂。"

"我也希望能像那个人那样说话。"

"他的讲话方式让人觉得很舒服。"

"她的说话方法有很神奇的说服力。"

选择让我们产生如上感想的人写的书,也是个好办法。

还有很多人即使没上过电视,但也在某些视频平台拥有自己的账号。

本书中提到的图书作者里,也有这样的网络视频主播,或者即使自己没有视频账号,也会客串主播的人。如果你对某位口才书的作者感兴趣,不妨搜索对方的视频看看。

3 如果只是想找本口才书看,那就选"闲聊"类。

有的人可能并没有明确的目的,只是想多少提高一下沟通能力,打算看点儿口才书。

有的人也可能是在这个网络社交增强、线下沟通减弱的时代,对自己的说话能力丧失了自信。

这样的读者,不妨选点儿提高"闲聊"能力的书来看看。而且很多书中,也都讲到了具体的闲聊案例。

PART 3

进一步
提升沟通能力的
"20 个诀窍"

第 21—40 位

第21位 一场演讲,"准备"占九成

> **要点**
> [√] 事先准备好想说的内容

很多演讲高手如演讲家、播音员、主讲人等,都强调了"事先准备的重要性"。

"如果是准备过的演讲,那么演讲者就会让人感觉说得非常自然。当你做好了准备,你的演讲已经成功了90%。"[21]

事先准备有如下四个要点。

(1)梳理你想传达的内容。
- 整理"对对方有利的信息"及"对方渴求的信息"。
- 尽可能收集能为你想传达的内容提供支持的"数字、数据、客观事实"等,这样可以提高你的信息的精确性。

评论家藤泽晃治在《通俗易懂的讲解技巧:最强演示汇报的15条准则》[67]中指出:"讲解不是只提供信息,而是对信息进行事先整理，加工之后再交给听众。"

（2）写作演讲稿。

- 写稿子时，不要用书面语，要用口语。
- 把稿子读过一遍又一遍，在把握了整体脉络后，逐条写下"主题""必须告知的信息""关键词"等。
- 在演讲过程中，一边参考"逐条写的提词纸"一边说。（参考第33位。）

（3）思考一下"可能的问题"。

- 想一想："来听这个汇报（演讲）的人，会有什么问题呢？"然后准备好答案。

（4）练习演讲。

- 请别人来听。

这样能获得一些客观的建议，比如："说得太快了。""这部分最好再改改。"

- 在实际的演讲地点或者类似的地方练习。

这样可以一边注意声音的大小、目光的高低，一边练习。

- 进行录音、录像。

这样可以确认自己的姿态、表情以及口头禅。

- 测一下时间。

如果超时了，就看一下"有没有哪里可以省略"；如果时间没用完，就检查一下"是不是说得太快了"。

如果你希望你的演讲或汇报成功,那就要花时间去准备。只要准备充分,你就既不会紧张,也不会大脑一片空白,只会自信地侃侃而谈。

第22位
良好的人际关系从打招呼开始

> **要点**
> [√] 用开朗、洪亮的声音，主动打招呼

人际关系是从"打招呼"开始的。打招呼是"联结人与人心灵的契机"，是无论谁与谁，都能简单实现的交流。

总结一下口才类畅销书中所写的"打招呼的好处"，就是如下这些。

◆ 打招呼的主要好处

- 会给对方留下好印象。
- 让他人认为自己有社会常识。
- 能给对方信任感、放心感。
- 可以满足对方被承认的心理需求。

让人产生好感的"打招呼"，有以下四个基本点。

◆ 优秀的"打招呼"的基本点

（1）要自己主动打招呼

不要被动等着,要自己先开口。只要自己打了招呼,就展示出了"我对你敞开了心扉"的姿态。

礼仪讲师金森贵子曾经说过:

"'打招呼'的'打'有'打开心扉'的意思,而'招呼'则有亲近对方的意思。你先打开心扉,主动亲近对方,这就是'打招呼'。"[56]

(2)要面带笑容、心情开朗地打招呼

如果你打招呼时是一副提不起劲的样子,那么就会引发对方的反感。还是用爽朗明快的声音来打招呼吧!(如果是不擅长笑的人,只要把嘴角提起,表情就会变得柔和了。)

(3)可以添上一句"加料"的话

如果打完招呼再加上一两句话(短语),对话就会更容易进行下去。

> **举例**
>
> "早上好啊。"
>
> ⬇(加上一两句话)
>
> "早上好啊。昨天的汇报,你辛苦了啊。"

总之,基本就是:面带笑容,目光交流,主动打招呼。

第23位
只要练习，谁都能擅长说话和沟通

> **要点**
>
> [√] 找个榜样，模仿他的说话方法

想要提升口才和聊天水平，需要的不是才华，不是能力，不是素质，而是"练习"。只要不断练习，任何人都能得到提高。

明治大学教授、活跃的评论家斋藤孝也说过："有人认为：'口拙、嘴笨是天生的，所以聊天能力没那么容易获得。'这种观点大错特错。聊天能力根本不是先天的能力。"[68]

下面我们会从100本畅销书中，选出口才达人们实践过的三种练习方法，介绍给大家。

◆ **专家推荐的"练习方法"**

（1）找个榜样，模仿一下

先找一个榜样（作为模板的人），就是让你觉得"希望他那样说话"或"喜欢他的说话方法"的人，然后模仿这个人的音调、语速、停顿方法等。（可以把你注意到的点记录下来）

模仿的时候,你可以录音,之后再听一遍,或者请他人听你说,以此来确认你模仿得像不像。

(2)从落语中学习 iii

也有很多人是通过落语来学习沟通技巧的,比如斋藤孝、阿川佐和子、池上彰等。有"中小企业家魅力领袖"之称的小山升,也是其中的一个。

"在无数次听落语并模仿的过程中,我慢慢地掌握了声音的大小,呼吸的长短,停顿和节奏的把握,对自己的说话方式也就有了自信。"[62]

(3)听到新段子,马上用起来

如果想变得擅长聊天和发言,增加话题也很重要。如果我们听到新段子或者有意思的说法,不妨试着马上说给别人听。通过讲给别人,来把它固定在记忆里。

一流的演讲者也并不是生来就是一流。为了成为一流,我们需要不断练习。

借用世界著名的心灵导师戴尔·卡耐基的话来说:"**如果想在公众面前自信地发言,唯一且切实的方法,就是不断地练习如何说话。**"[21]

---

iii 落语是日本传统曲艺形式之一,类似于中国的传统单口相声。参照这一方法,我们也可以从相声、脱口秀等各种语言艺术表演中学习说话的技巧。(编者注)

第24位

善用比喻好理解

> 要点

[√] 比喻成"对方好理解的事物"

如果你使用比喻或者打比方,对方脑子里就会涌现出具体的画面来。

◆ **比喻或打比方的效果**

- 能够引起别人的兴趣。
- 可以帮助听众理解。
- 能让你的解说更好理解。
- 可以强调某个内容的意思。

"比喻就是:'接下来我要说的这个事物,和你已经知道的那个事物是一样的啦。'"[67]

举例1

"对话,就是听的人和说的人之间交换信息的过程。"

↓

"对话就是打羽毛球。"

举例2

"我们家里有爷爷和奶奶,还有爸爸和妈妈,兄弟有三个,另外我姐姐一家也跟我们住在一起,真的是非常热闹。"

↓

"我们家就跟'樱桃小丸子'她们家似的。"

当我们把A比喻成B的时候,一定要以对方"知道B"为前提。也就是比方为常见的意象,或者在对方的知识范围内的意象。

举例1

"汽车(A)像在飞(B)一样快速驶过。"

举例2

"汽车(A)像马克斯·维斯塔潘(B)一样快速驶过。"

例子1是任何人都能懂的。

而例子2中的"马克斯·维斯塔潘"是F1赛车手的名字。虽然他是世界一流的赛车手，但并不是所有人都知道他。如果要用"马克斯·维斯塔潘"打比方，那么前提就是对方"和自己有同样水平的F1知识"。

第25位
要"主动"自我表露

要点

[√] **主动自我表露,更容易打成一片**

自我表露,指的是:"将自己的情况(内心、经验、想法等)告诉对方。"

在你自我表露之后,**对方就知道了"你是个什么样的人",彼此也就更容易打成一片。**

"这个人值得信赖。""跟这个人可以畅所欲言。"要想建立起这样的信赖关系,重要的是要比对方先表露自我。

自我表露里存在一个"回应性法则"。"回应性"指的是这样一种心理:因为对方向我展现了善意,所以我想回应一份善意。

如果你说了自己的兴趣爱好,那么对方也会说他的兴趣爱好。如果你说了小孩如何如何,那么对方也会谈论起孩子。接受自我表露的一方,也会以同样的程度表露自己。

如果想让别人敞开心扉,那么就要自己先敞开心扉。"我超级喜欢吃拉面,每天吃都吃不够。""我这个人特别容易迷路。"在我们展示自己的情况后,对方也就更容易说出自己的情况。

自我表露有以下三个要点。

◆ 自我表露的三个要点

（1）不要自我炫耀

因为自我炫耀是在强调"我比较优秀"，容易让对方感到不舒服。

（2）展示自己的弱点和失败经历

人在听到别人的失败经历后，会产生亲切感和放松感。展示弱点，就是展示人性。所以当我们讲出自己的弱点、缺陷、失败的经历，我们就更容易和对方拉近距离。

（3）不要说"沉重的内容"或"无法一笑而过的话题"

管理咨询师兼作家安田正和精神科医生桦泽紫苑，都曾谈到过自我表露的"深度"问题。除非是推心置腹的场景，否则都要回避"沉重的话题"。

"如果是会让气氛变得沉重的个人遭遇（离婚、看护等），或者是无法一笑而过的失败经历，都会起到反效果。"[66]

"如果对方的心扉是将开未开的状态，那么只要稍微自我表露就可以。如果已经认识了有一段时间，且对方已经完全敞开了心扉，那么你就可以更进一步地自我表露了。"[59]

第26位
求人时要注意三点

> **要点**
>
> [✓] 要把"解释（理由）"和"请求"组套使用

当我们"要求别人帮忙"或者"希望别人答应自己的要求"时，话要怎么说才能让对方接受呢？

在100本口才书中，也有很多谈到了"辩论""说服""谈判"这方面的内容。这些口才类畅销书中讲到的"求人时的要点"，就是以下三个。

◆ **求人时的要点**

（1）要把"解释（理由）"和"请求"组套使用

你需要解释：为什么我想做那件事？为什么我要求那个人帮忙？我遇到了什么困难？

当你说完理由后，在陈述的最终，你要再具体地做个总结："所以我可以……吗？""麻烦您帮我……""如果对方理解了你所说的内容，他就会想知道：'我该怎么做呢？''你的诉求是什么呢？'因此，我们说完要说的话后，不要忘了再加上一句'请求'。"[52]

"话不要说到'这件事我不能让步'就结束了,应该再加上:'所以这次,我们必须要沿着这个方向继续探讨下去。'这是最强有力的能引导对方情绪的言辞。"[31]

(2)为你的诉求排个顺序

如果你这也想要那也想要,你就很有可能会被对方一个拒绝挡回来。

"要是你这也想要那也想要,你的谈判就不会成功。你必须先把'绝对不能让步的诉求'和'可以让步的诉求'分开来,然后给它们排个优先顺序。"[69]

(3)说说对方能获得的好处

为了提高求人的成功率,你不能只说事情对自己的好处,也要讲讲能给对方带来什么好处。

> **举例**
>
> "现在就来买这个商品吧。"(自己的好处)
>
> ⬇
>
> "现在买这个商品的话,可以打九折。"(自己的好处+对方的好处)

"能不能清晰地讲出,在表面上自己的利益'背后',对方也能得到好处,这是最重要的。"[70]

第27位
与其道歉，不如道谢

要点

[√] 擅长道谢，就能构建良好的人际关系

很多口才达人在说到"能构建良好人际关系的词语"时，都讲到了"谢谢"。

"当我看到一个人能坦率地对别人说'谢谢'，我会觉得'好棒啊'。因为我认为，要想自然地表露出感激，需要这个人心中常怀着平等心，而且还要能敞开胸怀接受别人的善意。"[58]

"感谢的话不嫌多，而且总想尽快告诉对方。'谢谢'真是一个神奇的词，你说得越多，你自己和你周围人的心情就会越好。"[29]

◆ 换掉"不好意思"

"不好意思"这个词，可以表达"道歉""求人做事（招呼的时候）""感激"三种意思。

虽然灵活好用，但在使用中很容易分不清到底是哪个意思，所以在表达感激的心情时，建议还是换成"谢谢"。

准确表达感情（换说法）的例子

- "不好意思。"（感谢）➡ "谢谢。"
- "不好意思。"（道歉）➡ "对不起。"
- "不好意思。"（求人做事）➡ "麻烦您一件事。""求您个事。"

◆ 说出"谢谢"的人，更能获得周围人的帮助

时常怀着感激之心、对人说"谢谢"的人，更能获得大家的帮助。

"不断成功的人，从不会忘记向周围的人道谢。通过慷慨地表达感谢，帮助他的人也就越来越多。"[54]

第28位
表达能力与词汇量成正比

> **要点**
>
> [√] 增加能用的词汇（词语、表达方式）

所谓词汇量是指一个人掌握的语言知识，以及对语言"灵活使用""改换说法"的能力。如果你的词汇量够大，你就可以：**"根据情况选择合适的说法"以及"恰当、好理解地表达"。**

反过来，如果你词汇匮乏，你就只能反复说同样的话，用同样的措辞，你的表述就容易显得幼稚。研究中国文献的专家山口谣司说："当我想不到合适的说法时，我就只能把我的想法一股脑全都倒出来。这么一来，说的话就多了，花的时间也就变得很长……这样，你的想法就很难传达给对方。"[71]

> **举例**
>
> "那个电影里，有个很强又很活跃的主角。"
>
> ⬇
>
> "那个电影里，有个超越人类认知的强大又活跃的主角。"

（1）读书

说到增加词汇量的办法，很多专业人士都会推荐"读书"。

"我想，如果要增加词汇量，首先要做的就是读书、认字……如果你现在不是爱看书的人，那可以找本随便什么你平时不会看的书，从简单的（你觉得有意思的）开始就行。"[53]

"平时的阅读量越大，词汇自然也就越丰富。阅读量充足与否，对开口时的词汇量影响很大。"[72]

（2）查辞典

如果在读书看报或者跟别人聊天时遇到不懂的词，可以查一查辞典。

（3）做笔记

如果遇到让你感觉"好棒啊""想说说看"的表达方式，不妨做个笔记。

"我从参加工作开始就一直在记'名言本'。只要我觉得：'这个不错'，我就会马上记下来。"[70]

第29位
多用积极的表达方式

> **要点**
> [√] 把消极词换成积极词

我们使用的词不同,给对方留下的印象也就不同。

只要把消极的表达方式换成积极的表达方式,"我们自己的状态就会变得积极","对方的状态也会变得积极",于是人际关系也就会变得和谐。

如果我们不留情面,直接否定说:"这份策划,这个地方不行。"对方就会感觉"自己被否定了"。

若换成积极的说法:"这个地方如果再花点儿心思,应该会更好。"对方就会感觉"这是在帮我",而后积极地采纳意见。

"绝对不要说'累了''好烦'之类的词,你要换用开朗的说法,比如:'这个项目真不容易啊。'这样就能把语言积极化,自己和周围人都能随时保持积极心态了。"[10]

"如果你能养成习惯,把平时用的词语从消极的换成积极的，你的沟通交流就会一下子变得顺利。"[32]

"消极"→"积极"的转换举例

- "好忙啊。"➡"真充实啊。"
- "好麻烦。"➡"很值得做。"
- "正忙着呢，没空。"➡"稍过一会儿就会有时间了。"
- "我最恨夏天。"➡"我喜欢冬天。"
- "你要让我等到什么时候啊！"➡"你能早点儿来就好啦。"
- "只有一小时了。"➡"还有一小时呢。"
- "我无所谓。"➡"哪个都挺好的。"
- "红茶就行。"➡"给我一杯红茶吧。"
- "你今天真拼哦。"➡"你今天也很努力啊。"
- "他很快就会不耐烦了。"➡"他喜欢尝试新东西。"
- "他缺乏紧张感。"➡"他总是很自在。"

第30位
面对立场不同的人，更要表示尊重

> **要点**

[√] 与人交往，要心怀"平等"意识

有的人会因为对方的职责、位置、立场不同而改变彼此关系和应对态度，比如老板和下属，正式员工、合同工和兼职工，甲方和乙方等。但是，职位、头衔和年龄并不代表人际关系中的高低，所以也并不意味着"某人比某人更伟大"。

"平等"的关系，就是"互相尊重的关系"。
律师桥下彻在和下属讨论事情的时候，也会有意识地不表现出立场的高低。

"我一直都会提醒自己'人人平等'。不管对方比我年纪大还是年纪小，我都会理所当然地叫'某先生''某女士'；不管什么情况下，我都会礼貌地沟通。"[69]

谁都不喜欢被吆五喝六。给下属安排工作时，要"确认"，不要"命令"。其实只是"确认"，下属就能明白领导的意思了。

× 反面案例 命令、强迫

"我也想听听你的想法,走,跟我去吃饭。"

√ 正面案例 提议、确认

"要不然咱们一边吃一边聊吧?"

× 反面案例 命令、强迫

"早点儿把演示材料做好。"

√ 正面案例 提议、确认

"演示材料做好了吗?"

"演示材料是不是明天就差不多了?"

剧作家、导演平田织佐,在他的著作中也提到了尊重的重要性:

"'这个,复印一份。''这个,去复印一份。''这个,请复印一份。''这个,麻烦复印一份。'当上司要求下属复印材料时,哪个说法最合适?……肯定是'这个,麻烦复印一份'对不对?无论男女,不管职位高低,希望大家都能养成习惯,说话稍微带点儿客气。"[73]

第31位
用"事先准备"和"提高音量"克服紧张

> **要点**
>
> [√] 用彻底的"准备"来防止紧张

当我们要在很多人面前说话,比如做演示汇报或参加面试时,很容易感到紧张。那么,为什么人会感到紧张呢?

专业演讲家鸭头嘉人说:"所谓'紧张'是指神经递质去甲肾上腺素分泌,交感神经活跃,心跳、血压和体温上升。""是你的身体为了让你自然地在很多人面前说话,做好了'准备'。"[39]

"紧张不是坏事,而是身体能量提高的证明。"只要改变看法,我们就能与紧张更好地相处。

话虽然这么说,要是过分紧张,也会因为害怕和不安而没法好好说话。如果想克服紧张,可以参考以下两点。

(1)第一和第二都是"准备"(关于准备,参见第21位)

众多口才达人都不约而同地表示:"为了不紧张,就要做准备。""要预演一遍。"

通过一次次的准备，你会感到自信，也就能防止紧张了。

那么，我们要怎么做准备呢？

"如果想在台上镇定自若，最好的办法就是踏实地做准备。要让你的身体都记住：我要说什么，我要什么时候说，我要怎么说。"[17]

（2）说话时提高音量

被选入"哈佛大学必读图书"之一的《修辞学 作为人生武器的说话技巧》[77]写道："'说话时声音再大一点儿。'在感到紧张时，这点尤其有效。在把注意力集中在大声说话上之后，你就能用充满自信的声音，有节奏感地说话了。"

另外，作家中谷彰宏也说，在面试时："只要大声说出自己的全名，就可以镇定自若了。"[47]

只要事先做好准备，当天提高音量，我们就能有效克服紧张了。

如果你因为紧张而面部僵硬，可以试试阿川佐和子在《批评的力量》[55]中介绍的方法："说三次'爱吃蜜柑'。"

"'爱吃蜜柑'这四个字，韵母是'ai''i''an'……多说几遍这四个字后……你的嘴就会自动拉长，脸上也自然露出了笑容。"

阿川女士在上节目之前就说了好几遍"爱吃蜜柑"，虽然还是很紧张，但她成功地展现出了笑容。

第32位
姿态会改变印象，也会改变声音

要点

[√] **说话时要挺直腰杆**

说话时，希望大家能注意姿态。

姿态就是说**身体的形态、仪态**。

◆ **保持好姿态的四个好处**

- 可以打开喉咙深处，发声不含糊。
- 可以稳定目光。
- 更有说服力。
- 能获得别人的信赖。

"好姿态"的要点

- 后背挺直。
- 下巴收紧。
- 有意识地保持头部笔直。

根据说话场景及你想展现出的不同模样,"好姿态"的手脚摆放方法也不相同。

根据《绝对录取 2020·面试》[20],"绝对录取的站姿四规则"是:"1. 后背挺直,目视前方。2. 肩膀放松。3. 脚跟并拢。4. 双手指尖放在大腿两侧(女性也可以放在身前,但也要注意指尖的放法)。"

想要给面试的人留下好印象,端正大方的姿态是很重要的。

执行演讲教练冈本纯子在《说话的技术》[24]中说:"在做演示汇报时,腰背坚定地挺直,肩膀打开,两手自然下垂放在身侧,或者双手交叠放在小腹前方,这就是'基本形'。""如果想看起来大方稳重,那就双脚分立,与肩同宽,像山门一样稳稳地立住。首先做出'强大的姿态',那么'强大的内心'也就会跟着到来。"

反过来,也有说话时绝对不能做的姿态,大家一定要注意。

◆ **不能做的姿态**
- 两手交叠放在胯前。 ➡ 看起来缺乏自信。
- 抖腿(坐着的时候)。 ➡ 给人留下不安定的印象。

第33位

演讲或发言时，带上备忘字条

要点

[√] 只要把开头背下来，就能自信地开口了

在做普通演讲或学术演讲的时候，我们要事先准备好稿子或备忘字条。尤其是第一次演讲时，你需要反复推敲（重读），写出稿子。

而在正式场合中，就是要一边看稿子一边演讲。

◆ 写稿子的好处

- 可以知道在规定时间内，你大概能说多少内容（容易被听清的语速是1分钟200字左右）。
- 如果是短时间演讲（5分钟以内），通过写稿子删掉无用信息，可以让你的内容浓度更高。
- 即使不读，手中有稿子，登场时心里也更有底。
- 可以梳理一下自己想说什么。

写作稿子或备忘字条时，有如下三个重点需要注意。

（1）不要"读稿"

在公开演讲、演示汇报或学术演讲时,不要当众"读稿",也不要从头到尾纯背诵。

演讲现场是你与听众交流的地方。如果只是"读稿",就没有了现场感,听众也就没什么兴趣听了。但如果纯粹背诵,因为太专注回忆稿子,你也会没有余力去关注现场观众的反应。

(2)只背开头就行

有人认为,在做演示汇报时,"只把开头背下来就可以了"。只要开头说得好,你就会有自信。

(3)提取关键词,做一张备忘字条

口才方面的专业人士们推荐的方法是:**提取出你一看见就能想到内容的关键词,按你要说的顺序排列,写一张备忘字条。**当你在看一篇书写而成的稿子时,无论怎样你都会说出僵硬的"书面语"来。

如果只看备忘字条上的关键词,当场组织语言说出内容,它就会变成口头语,听上去更好理解。

不过,如果你不太习惯演讲和发言,那么读写好的稿子也没关系。重要的是认真写好稿子,做足准备。

东京大学教养学部的参考读本《知识的技法》[38]中写道:"**比起准备不足和内容分散的演讲,拿着梳理好的稿子发言即使会有些生硬,还是更有说服力,也会让听众产生好感。**"

第34位
多叫对方的名字

要点

[√] **在谈话过程中,要主动叫对方的名字**

无论是工作场合还是私人场景,面对第一次见到的人,"记住名字""马上叫对方的名字",都有利于形成和谐的人际关系。

对方被叫名字后就会感到:"我被人重视了。""我获得了尊重。"于是就会对你产生亲切感。

任何人都喜欢被人叫名字。如果聊天过程中有人叫了自己的名字,人就会在不知不觉间对对方产生好感。

◆ 记住对方名字的五个好处

- 通过叫名字,可以拉近和对方的距离。
- 能够构建彼此信赖的关系。
- 可以增加人脉。
- 会给人记性好和脑子好的印象。
- 能获得好评价。

不过话是这么说,要想记住第一次见面的人的名字,还是挺难的。口才达人们的"记人名"诀窍，主要有四个。

（1）说出对方的名字

自我介绍时，叫出对方的名字，通过眼睛和嘴巴来确认。

> **举例**
>
> 对方："您好，我是某某建设公司的铃木。"
> 自己："您好，我是某某公司的吉田。您是铃木先生吧？"

（2）在谈话中，多次叫对方的名字

知道了名字后，我们就可以在谈话中多叫对方的名字了。

如果可能，"最少叫三次"（自我介绍时、提问时、分别时），这样我们就很容易能记住了。

（3）在名片背面写上对方的特征

如果是商务人士，可以在收到的名片后面记下对方的面部特征、印象深刻的对话等，之后就会容易回想起来。

（4）靠想象训练来加深记忆

和对方分别之后，我们可以做一个"人脸-人名"想象训练来加深记忆。

第35位
打电话也要面带"笑容"

> **要点**
> [√] 打电话之前,先想好"要说什么"

因为打电话的时候看不到脸,所以声音和话语就决定了我们给人留下的印象。

"能给对方留下好印象"的打电话方法,有四个要点。

(1) 一边微笑一边说话

即使是纯粹的声音交流,你的表情也会自然地传达给对方。茶道家盐月弥荣子在《优雅的说话方法》[8]一书中说:"(打电话)是嘴对嘴的沟通,连彼此的气息都能听得清,所以给人的感觉甚至比面对面谈话还要亲密。因此,我们的行为也理所当然应该像面对面谈话一样。"

不只是打固定电话,包括在手机通话、语音通话的时候,我们都应该表现得开朗爽快。

(2) 打电话之前,先想想"我想说的内容"

在电话里,要尽可能提纲挈领、简洁明快、准确无误地传达信息。如果要说的事很多,建议事先将要说的内容写下来。

如果是不喜欢打电话的人,那么最好事先确认对方的情况、打电话的时间和地点,做好完全的准备,这样就会比较放心了。

《入职第一年的商务礼仪教科书》[56]中这样写道:"一开始你可能会感到紧张,但是只要做好准备就可以应对得很好。"

◆ 打电话前应该确认的事项

- 对方的情况

    电话号码、公司或部门名称、名字叫什么。

- 要说的内容

    必要的时候,可以准备些资料放在手边。

- 打电话的时间、地点

    要确认适合打电话的地方、对方方便通话的时间等。

(3)句末要吐字清晰

打电话的时候,说话要清楚而礼貌,事情要明确地传达给对方。

特别需要注意的是句子的后半部分。"做了"是肯定,"没做"是否定,要清楚地告诉对方。

(4)挂电话时要温和

不要突然就把电话挂了,要温和地挂电话。

LIVIUM礼仪学校董事长诹内惠美在《有修养的人才知道的事》(日本钻石社)里写道:"即使你在赶时间,也要先说一句:'我现在有点儿急事,先挂了好吗?'然后再挂电话。"

第36位
重要的事要反复说

> **要点**

[√] 想说的话要简短,然后反复说

口才达人们建议:"重要的事(你想说的话)要反复说(重复)。"

重复说的时候,请注意有两个要点。

(1)只重复重要信息

广告人佐佐木圭一在《所谓情商高,就是会说话》[74]中,讲到传播方法的要义之一就是"重复法"。他说:"**通过重复,可以让信息刻在对方的脑子里。只要重复我们最想传播的部分。这是一个时间短、见效快的好方法。**"

◆ **重要的事反复说的好处**

- 容易刻在对方的脑子里。
- 会制造节奏,更好理解。

反复说重要事项时,我们采取的顺序是:

确定"重要信息",用"尽可能短的字词","反复说"。

> **举例**
>
> "我有一个梦想……我有一个梦想……"
> ——马丁·路德·金在演讲中反复说道:"我有一个梦想。"
>
> "我们不能忘记。在大地震的绝望之中,人们展现出了崇高的精神。我们不能忘记……"
> ——2011年东日本大地震后,当时的首相野田佳彦发表的演讲。
>
> "振作!振作!振作!"
> ——前职业摔跤手、"野兽"滨口打气时的口号。

(2)如果是真正的重大事项,"抓住机会就要说"

那么,想说的内容,要重复多少次比较好呢?

如果是演示汇报或者演讲会等场合,最少要重复两次。另外,如果是向员工传达公司的重大事项,那么"抓住机会就要说"。

小山升在《赚钱公司的沟通守则》[62]中说:"同样的内容说了6遍……差不多60%的人就知道了。"

第37位

站哪里、坐哪里，距离会改变氛围

要点

[√] 说话的场景、目的、双方关系不同，最佳的位置和距离也就不同

谈话时，我们要意识到空间上的位置和距离。**因为位置和距离会影响现场的气氛。**

谈话时的位置关系主要有三种。

谈话时的位置关系

①正对面

也叫"对决位"。因为会产生紧张感，所以多在商业场合使用。

②斜对面

"L形（90度）"的位置会让人产生亲近感，适合日常生活或者访谈类活动。商业场合中，如果想拉近和对方的关系，也可以用。

③并排坐

也叫"交流位"。会产生亲近感和同伴意识,多用于销售的时候。

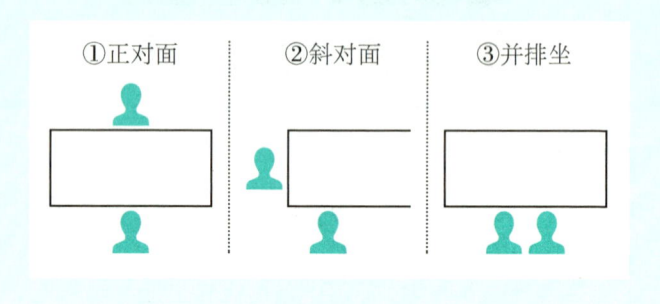

① 正对面　② 斜对面　③ 并排坐

独立播音员鱼住理英在《只用一天连声音都会变好的说话教科书》[44]中说:"'坐的位置'不同,现场的气氛也就不一样。"并且建议,"谈话的时候,要根据彼此间的亲疏关系来调整'坐的位置'。"

谈话时,我们还要注意彼此间的距离。

关系越亲密,距离就越近。

那么,谈话时离多远最合适?

管理咨询师、作家福田健认为:"如果是和亲朋好友之间,也就是'亲密距离',那么抬起手臂后指尖能够到的距离就比较好。""若是第一次见面,那么一米左右比较稳妥。"[26]

沟通指导杉山美奈子监修的《说话的礼仪与技巧》[29]中则写

出了具体的距离长短：

"恋人之间的亲密距离：14—45cm。朋友之间的谈话距离：45—120cm。希望和对方拉近关系的时候：70—120cm以内。"

离得太近会让彼此紧张，离得太远又会显得生疏。如果我们能根据情况选择合适的距离，就能心情舒畅地进行对话了。

第38位

分开前，留下个好印象

要点

[√] 分开时留下好印象，对方就会期待下次再见

如果在演示汇报或销售的时候，你能在分开时给对方留下好印象，那么对方就会想："希望下次再见。""希望以后还能听你说话。"如此累积多次后，你们之间就建立起了联系。

那么，为什么分开时留下好印象这么重要呢？

桐生稔在《聊天的一流、二流、三流》[6]中用"亲近效应"解释了其中的道理：

"'亲近效应'是美国心理学家N.H.安德森提出的……'人更容易受到最后收到的信息的影响。'……所以最后给予对方的冲击，也会很大地影响下一步的发展。"

另外，盐月弥荣子在《优雅的说话方法》[8]中也写道："**分别时的言语，会成为再会时的焦点。**"

如果在分别时告诉对方感兴趣的信息，造成的冲击就会更强。

> **× 反面案例**

"今天真开心,谢谢你,再见。"

> **√ 正面案例1**

"田中,今天真开心。谢谢你。咱们下次再约吧!"

> **√ 正面案例2**

"田中,今天真开心。谢谢你。对了,你刚才不是说你喜欢红酒吗?神乐坂有一家店的红酒很好喝,回头一起去吧?"

在反面案例里,虽然我们对于当天的事表达了感谢,但是只给对方留下了一个"再见"的孤零零的印象。

而正面案例1中,我们叫了对方的名字"田中"。正如我们在第34位里说过的那样,叫出名字就会给人留下好印象。另外,我们还加上了一句和再会相关的"咱们下次再约吧"。

正面案例2则是在此基础之上,另外又告知了一个对方感兴趣的信息——神乐坂的红酒店。

不要忽视分别的时刻,彼此再见的日子就会很快到来。

第39位
拒绝时要坚决、明确

要点
[√] 拒绝的时候，不要说得模棱两可

当我们拒绝别人的工作委托或私人邀请时，要干脆、明确地回答说："不行。"即使你觉得"拒绝对方会惹人生气"或者"可能会伤害到对方"，也不能回答得模棱两可。

为什么不能回答得模棱两可？因为这样"会让对方焦躁""让对方困惑""让人心里还有期待""会伤害对方"以及"永远无法互相理解"。

尽管如此，我们拒绝的方式，有时候的确会影响到之后的人际关系情况。那么，怎么拒绝委托或邀请比较好呢？

拒绝的基本方法
- 早点儿拒绝。
- 追加一句："抱歉。"
- 拒绝的原因不要模糊不清。

- 解释理由的时候不要撒谎。
- 拒绝要简洁。(不要多说一句"可能的话我是想去的"或者"我是真的很想去"之类的)

桦泽紫苑在《为什么精英这样沟通最高效》[59]中建议我们,为了不产生矛盾,我们可以使用以下公式:

"拒绝的公式＝道歉(感谢)＋原因＋拒绝＋代替方案"

拒绝的公式举例

"真不好意思(道歉)。非常感谢您选我加入这个项目(感谢),但是今天我要送小孩去补习班(原因),很遗憾参加不了(拒绝)。不过明天上午我可以做完,你觉得怎么样?(代替方案)"

诹内惠美在《有修养的人才知道的事》[75]中说:"尤其是在拒绝别人的邀请时,可以表现出一个人的品性。"并且介绍了一种有修养的拒绝方式,即:"感谢+'不好意思'+原因+道歉"。

有修养的拒绝方式举例

"真高兴你来邀请我,谢谢你呀(感谢)。但是真不好意思,学校正好要开家长会(理由)。你都特地来叫我了,真对不住呀(道歉)。不过下次一定要再喊我哟。"

第40位
去掉"就是""那个"

> **要点**
>
> [√] "就是""那个"话到嘴边，就赶紧闭上嘴

我们说话时，总会脱口而出"就是""那个"，只是为了承接下一个词，下意识就用了出来。

而排在第40位的，就是"去掉'就是''那个'"。

这些连接用词，也被称作"连接词""衬词（在词汇间作衬底的词）"。

那么，为什么最好不要用这些词呢？

播音员安住绅一郎说："一般来说，如果你连续使用'就是''那个''嗯'等等，人们就会觉得你'没法得出结论是或不是'，'还没想清楚'。"[35]

同为播音员的鱼住理英则举出了说连接用词的缺点："'那个''就是''呃'等口语词，哪怕本人不是很在意，听的人却会觉得很刺耳。"[44]

在口才类畅销书中，作者们举出了如下这些脱口而出的连接用词。

◆ **脱口而出的连接用词**

"就是""那个""呃""啊""嗯""这个""完了""然后""就"……

因为连接用词是下意识说出来的，所以自己很难发现。有些已经养成习惯的人，甚至会频繁地说"就是""那个"。那要怎么纠正这种习惯呢？

为了去掉"就是""那个"，专业人士给出了如下建议。

去掉"就是""那个"的办法

- 在公开演讲前先做预演，找个人做听众，为你指出问题。
- 对自己的声音或姿态进行录音录像，自己重新听一遍，重看一遍，纠正恶习。
- "就是"出口的一刻，赶紧闭上嘴。
- 准备一些"就是"的变形词，比如"于是""那么""接下来"。
- 明确想要表达的内容。
- 注意停顿。

专题
口拙的人剧增？
今天更要磨炼
"沟通能力"的意义

从当面谈话、打电话，到发短信和微信，再到视频会议，随着商务环境的发展，我们交流的方式也在不断地变化。

说到这些变化，我们曾经发现一个很有意思的调查报告，是日本文化厅的"与社交沟通有关的舆论调查"（2013年3月）。

◆ 与社交沟通有关的舆论调查

63.4%

63.4%的人有过"想说的内容没法和对方说清楚"的经历。

66.5%

66.5%的人有过"对方想说的和自己理解的不一致"的经历。

看到这个结果后，日本文化厅得出结论："随着短信等不见面的通信工具的普及，不擅长当面交流的人变得越来越多了。"

换言之，由于社交网络和信息软件的普及，这样的人增多了：

- 不擅长持续交流的人。
- 对谈话缺乏自信，不容易说清楚想法的人。
- 没法按顺序把重点讲出来的人。

如果想建立良好的人际关系，通过聊天与人交流是不可或缺的。

更何况，在重视社交距离的今天，人们已经很难一次又一次地碰面，一次又一次地沟通。**机会减少了，那么毫无疑问，每一次当面沟通的质量就必须要提高。**

本书正是以"把自己想说的话准确地说出来"为核心。另一方面，随着你获得这项能力，你也就能"准确地理解对方想说的内容"了。

希望大家在学习本书时，不要只以消除对话中的误解为目标，而是可以进一步通过与人沟通，缔造更好的人际关系。

附录1
根据不同场合，活学活用
《这样说话就对了：40个实用沟通技巧》

到这里为止，我们已经从"口才""沟通"类的畅销书中将它们的要点提炼出来，并做了解说。这的确是一个很有说服力的排行榜，但可能也有人会问：

"如果要一对一谈话、做演示汇报，或者要开线下会议、线上会议，在这些情况下我分别该用哪些技巧呢？"

因此，本书在这里会以附录的形式，总结性地讲一下在以下这些场景中大家分别要重点注意哪几点。

（1）与第一次见面或不太熟的人面谈、闲聊时。
（2）一对一地报告、联络、咨询时。
（3）通过一对一问答（采访）式交流，增进彼此的关系时。
（4）一对一地劝说、谈判时。
（5）面对很多人做演示汇报、做演讲时。
（6）在线沟通或打电话时。
（7）和长辈、晚辈等有一定年龄差的人说话时。
（8）表扬或训斥孩子时。

[1] 与第一次见面或不太熟的人面谈、闲聊时

◆ **着重注意的五个要点**

第 22 位	良好的人际关系从打招呼开始
第 34 位	多叫对方的名字
第 5 位	善用"万能话题",聊到停不下
第 12 位	说话时面带笑容
第 38 位	分开前,留下个好印象

比如在开会、派对、活动、破冰(即缓解第一次见面时的紧张感)等场景中,我们就要和几乎第一次见面或不太熟的人说话。这个时候,建议大家记住的就是这五点了。

在这些情况里,我们寻求的不是现场的人际关系,而是为了在那之后可以形成更深入的关系,用谈话建立一个起点。所以我们重点选择了能让彼此间留下好印象、方便下次再联系的技巧。

如果你们的谈话是直奔主题的,那么也可以结合其他场景灵活使用。

另外,这五点在我们随意打个招呼、电梯里偶遇到、办公室里碰面等情况下也是很有用的。大家可以尝试看看。

[2] 一对一地报告、联络、咨询时

◆ **着重注意的五个要点**

第 2 位	表达顺序决定表达方式
第 8 位	说话要具体
第 11 位	越精简越好
第 19 位	讲话要主题集中
第 36 位	重要的事要反复说

在商务会谈中,最重要的是"把想说的内容准确无误地传达给对方"。所以,我们列出了"不管怎样都能让人明白、不让人误解"的五个要点。可能有人会觉得:这不是理所当然的吗?但在实际商务场景中,因为没有牢记这些要点,导致很难听懂或产生误会的例子并不少见。

× 反面案例

"关于前两天开会说的那件事,我去确认了一下,果然新标签是有点儿问题,我也赶紧就叫人去重做了,可是好像那边也忙得不行。照现在这样,应该是赶不上咱们的交货日期了,我想干脆能准时交货的就先交上,剩下的一做好就马上交货。这样您看可以吗?"

如果我们听到别人这样口头报告，我们就完全没法知道：这是在说什么？哪里出了问题？客户什么时候能拿到多少货？剩下的货有多少？

如果我们参考之前的五个要点，做出一些修改：
- **在最开始就说清楚要说的是"交货那件事"。**
- **要说出"订购的100件""下月10号左右"等具体信息。**
- **把整段话切开，并且精简。**
- **删掉不必要的信息。**
- **像次品的数量、订购数、交货期限等信息，即使领导知道，也要把重要的事再说一次。**

这样一来，我们就会得到如下正确表达。

√正面案例

"我想说一下上周例会提到的新标签交货的事。的确是因为在打样阶段，我们没有写出标签安装部分的规格。我们正在尽快调整，但是这个月全部交货有一定难度。我想，可不可以预定的100件里，其中一半本月交货，剩下的一半下个月10号交货，您觉得可以吗？"

在口头汇报时，如果我们絮絮叨叨长篇大论，对方理解起来就很累。我们要记得事先梳理好要说的内容，才能进行高效率的沟通。

[3]
通过一对一的问答（采访）式交流，增进彼此的关系时

◆ **着重注意的五个要点**

第 37 位	站哪里，坐哪里，距离会改变氛围
第 1 位	说话要以"对方"为中心
第 4 位	用"好问题"引出话头
第 9 位	"附和"与"点头"是"有共鸣的信号"
第 18 位	不要打断对方说话

如果你想细细地听对方倾诉，"坐的位置"意外地会帮上你的忙。如果你只想尽快问出必要信息，"对决位"倒也很好用。不过要是你想听到对方的心里话，和对方进行心与心的交流，"对决位"就可能会让对方充满戒备，难以聊得更深入，这时候选"L形"或"交流位"会比较好。

至于剩下的四点，每一条的目的都是让对方能更容易诉说。刻意为之是不行的，但如果你能有意识地倾听对方说的内容，为了让谈话能自然而然地深入而事先准备好问题，那么对方就会敞开胸怀和你交流了。

另外，虽然没有列在上述五点里，但是如果遇到对方开口困难，"第25位：要'主动'自我表露"也很有效果。

[4] 一对一地劝说、谈判时

◆ 着重注意的五个要点

第7位	保持眼神交流
第15位	沟通时要用明确、易懂的词
第26位	求人时要注意三点
第29位	多用积极的表达方式
第32位	姿态会改变印象,也会改变声音

在说服和谈判的场合,现场气氛和话题走向会受谈话内容和双方关系的影响而发生变化。

因此我们挑出了上述五点,因为它们特别有利于让人觉得:"这个人说的话可信。""可以接受对方提出的条件。"

换句话说,这几点的作用就是通过交流形成彼此信赖的关系。那些在姿态和举止上让人感觉诚恳的人,那些理解我们的立场和情况后与我们交谈的人,那些用不容易产生误解的言辞向我们解释的人,那些能向我们清晰展示共同的美好未来的人,不是比那些巧言令色的人更有说服力吗?

此外,如果想获得谈判对象的信任,"第39位:拒绝时要坚决、明确"也很有效。

[5] 面对很多人做演示汇报、做演讲时

◆ 关于演示汇报的内容要着重注意的五点

第 8 位	说话要具体
第 19 位	讲话要主题集中
第 20 位	无论谈话还是汇报,关键在"开头"
第 21 位	一场演讲,"准备"占九成
第 33 位	演讲或发言时,带上备忘字条

◆ 关于演示汇报时的说话方法要着重注意的五点

第 3 位	说话要有张有弛
第 7 位	保持眼神交流
第 17 位	加上肢体语言和手势
第 32 位	姿态会改变印象,也会改变声音
第 31 位	用"事先准备"和"提高音量"克服紧张

这里,我们假设一个面向很多人进行的公开发言(包括线下的和线上的),比如汇报、演讲或者面试,我们把演讲内容和演讲时的表现分开,分别总结要点。

任何人都能看明白,最重要的就是准备。也就是仔细地梳理要说的内容,提炼出要点,并且要能具体地讲出来。从开篇开

始，按照你要说的顺序把关键词挑出来，写在备忘字条上。在认真完成这样的准备之后，只要再加上一些练习，你就不会过分紧张，话题的主线也不会乱，这时就可以充满自信地登台了。

如果问："要做什么准备，做到什么程度，正式登场的时候才能说得容易些呢？"答案就是：准备要彻底。现如今线上汇报、演讲、面试越来越多，如果希望在线上环境里做到镇定不慌，我们需要的也仍然是准备。

此外，虽然上面没有提到，但"**第23位： 只要练习，谁都能擅长说话和沟通**"是任何场景下都通用的大前提。

无论是著名演讲者、传说中的演讲家，还是人气播音员与评论家，每个人都是经历无数失败后才获得了成功的。我们要通过充分的准备和练习，努力打磨我们的汇报、演讲和面试水平。

[6] 在线沟通或打电话时

◆ **着重注意的五个要点**

第 3 位	说话要有张有弛
第 7 位	保持眼神交流
第 11 位	越精简越好
第 18 位	不要打断对方说话
第 35 位	打电话也要面带"笑容"

在这部分，我们对现在越来越常见的线上交流的诀窍做一个总结。

之所以举出"第3位：说话要有张有弛"和"第7位：保持眼神交流"，是因为在线上交流时，我们的想法、热情、感情都更难传达给对方。所以我们就要增加抑扬顿挫，把每句话都说得有头有尾，将我们的深层想法而不只是字面意思传达给对方。

另外，当电脑画面和摄像头的位置有一定距离时，我们很容易在开会过程中几乎不和对方做眼神交流。这时我们就要有意识地看摄像头，制造眼神交流的机会，这样也能让对方感觉到安心。

"第11位：越精简越好"和"第18位：不要打断对方说话"则讲到了线上交流固有的困难，所以我们也把这两个选了出来。

演讲顾问矢野香认为，沟通的要点之一，就是"每一句话都要短"。

"如果你一句话说得太长，听众就会困惑。不妨给自己的发言录音或者录像，看看每句话有多少字。容易理解的一句话，大概在30字上下。"[76]

在线交流往往很难"停顿"，即使我们多加注意，依然容易与对方的发言"撞车"，或者明明有人想发言我们却还在继续说自己的内容。

所以我们建议，最好让你的发言紧凑一些，并且比平时更注意观察对方的神情，不要一个人从头说到尾，也不要抢对方的话。

最后是"打电话也要面带'笑容'"。开视频的时候就不用说了，就算没有开视频，一个人的表情也会成为声音的氛围，传到对方的耳朵里。

当面前没有人时，我们很容易就会不知不觉地放松下来，变成面无表情。在进行线上交流时，建议大家有意识地让你的表情生动起来。

[7] 和长辈、晚辈等有一定年龄差的人说话时

◆ 着重注意的五点

第22位	良好的人际关系从打招呼开始
第30位	面对立场不同的人，更要表示尊重
第13位	可以批评，但不要训斥
第14位	与长辈或上司说话要注意礼貌
第18位	不要打断对方说话

当我们和立场不同或年龄差距很大的人谈话时，为了不让对方感觉不舒服，我们在有些方面需要特别注意。

这是因为，我们和对方的价值观可能并不相同。比如我们说某句话本意是赞美对方，可对方听来却觉得不快，甚至觉得是在精神操控，这种情况其实并不少见。

然而，与立场、年龄有一定差距的人沟通，虽然比较困难，

但对彼此而言也是一种经历，会成为个人成长的食粮。因此，这部分我们收集了一些在彼此关系深入之前，与立场、年龄差异较大的人沟通时应该遵守的基本规则。

交流中的说话方式或沟通方法，是彼此关系形成的第一步。

不要高高在上地想："像这种人，这么跟他说话就行了。"我们要在不断的礼貌交流中与对方加深关系。

[8] 表扬或训斥孩子时

◆ 着重注意的五点

第 6 位	"夸赞"是人际关系的润滑剂
第 13 位	可以批评，但不要训斥
第 3 位	说话要有张有弛
第 7 位	保持眼神交流
第 15 位	沟通时要用明确、易懂的词

关于表扬和批评的方法，除了工作场合外，在日常生活中为此而苦恼的人也并不少。有很多口才类畅销书，讨论的话题就是要怎么表扬孩子或者批评孩子。

表扬的内容（批评的内容）和表扬（批评）时的发声方法，基本说来，跟面对成年人时一样，包含理由和重视过程是有效的手段。只不过在面对孩子时，在应用第3、7、15位要点的过程中，比面对成年人要注意更多细节。

比如"视线的高低"。当大人和孩子面对面的时候，无论是坐着还是站着，基本上都会形成大人俯视孩子的场景。这种视角的差别带给孩子的压迫感，有时会比大人想象的要大得多。

再比如说，在跟很小的孩子说话时，用对方能接受的速度慢慢说，以及语气温和，都是不可或缺的要点。总之大原则依旧是："说话要以对方为中心。"

附录2
本书参考的100本畅销书列表

本书主要参考以下条件进行图书的搜集和研究工作。
- 图书主题以"口才""沟通"等口头交流为主。
- 20世纪90年代以来,以纸质书或电子书方式出版的图书。因为随着时代发展,人们对语言的要求可能会发生变化。
- 属于"经典书""畅销书""长销书"或者入选了"年度畅销榜单"的。因为要选出更多人接受的准则,我们根据销量和图书的评价进行了选择。

不过,有些书即使并不符合上述条件,但鉴于其影响力巨大,我们也纳入了研究对象范围。比如:
- 新冠疫情以来激增的与"在线交流"有关的图书。
- 与历史上著名的演说家(西塞罗、亚里士多德等)、著名的演讲家(奥巴马等)有关的图书。

◆ **图书列表(排名不分先后)**

1 [日]伊藤羊一:《一分钟说话》,北京联合出版有限公司
2 [日]池上彰:《赢在残酷世界的沟通力》,中信出版社
3 [日]五百田达成:《别让你的嘴,拖了你后腿》,天津人民出版社

4 [日]本间浩辅:《雅虎一对一:促进下属成长的沟通技术》(ヤフーの1on1 部下を成長させるコミュニケーションの技法),日本钻石社

5 [日]大野萌子:《特别会说话的人都这样说话》,文汇出版社

6 [日]桐生稔:《聊天的一流、二流、三流》(雑談の一流、二流、三流),日本明日香出版社

7 [日]永松茂久:《高效沟通:成功人士的36种说话技巧》,中国科学技术出版社

8 [日]盐月弥荣子:《优雅的说话方法:吸引别人,活出自我》(上品な話し方 人をひきつけ自分を活かす),日本光文社

9 [日]梅田悟司:《好文案会说话》,中信出版社

10 [日]吉原珠央:《成为好的聊天对象!44条规则》(「もっと話したい!」と思われる人の44のルール),日本幻冬舍

11 [日]涩谷昌三:《伤人的说话方法,捧人的说话方法》(人を傷つける話し方、人に喜ばれる話し方),日本WAC社

12 [日]白潟敏朗:《职场5力》(仕事の「5力」),日本中经出版

13 [日]田中耕比古:《从老是说不对到特别会说话》,江苏人民出版社

14 [日]箱田忠昭:《能人的说话方式和沟通技巧》(「でき

る人」の話し方＆コミュニケーション術），日本未来出版社
15 [美]杰瑞米·多诺万：《TED演讲的秘密》，中信出版社
16 [古罗马]西塞罗：《论演说家》，中国政法大学出版社
17 [美]卡迈恩·加洛：《乔布斯的魔力演讲》，中信出版社
18 [日]安田正：《聊天的技术与艺术》，中信出版社
19 [日]池上彰：《沟通力2 更有用的"说""听""写"技巧》（伝える力2 もっと役立つ！「話す」「書く」「聞く」技術），日本PHP研究所
20 [日]杉村太郎、熊谷智宏：《绝对录取2020·面试》（絶対内定2020面接），日本钻石社
21 [美]戴尔·卡耐基：《说话的能力 引出自我表达的方法》（話す力 自分の言葉を引き出す方法），日本新潮社
22 [日]内藤谊人：《人气王的黑色心理术：初次见面就能100%获得好感的办法》（「人たらし」のブラック心理術 初対面で100％好感を持たせる方），日本大和书房
23 [日]加贺田晃：《当场就签单》，文化发展出版社
24 [日]冈本纯子：《说话的技术》，四川文艺出版社
25 话题达人俱乐部编：《靠谱大人的说话方法大全》（できる大人のモノの言い方大全），日本青春出版社
26 [日]福田健：《人靠说话方式可以改变九成》（人は「話し方」で9割変わる），日本经济界出版
27 [日]吉田尚记：《为什么和这个人说话这么舒服》（な

ぜ、この人と話をすると楽になるのか），日本太田出版

28 [日]樋口裕一：《聪明人比你会说话》，中信出版社

29 [日]杉山美奈子（编）、伊藤美树（绘）：《说话的礼仪与技巧》，化学工业出版社

30 [日]斋藤茂太：《好话缔造好人生》（いい言葉は、いい人生をつくる），日本成美堂出版

31 [日]结城优（著）、Jam（绘）：《当场就能不动声色进行小小"反击"的技巧（漫画版）》（マンガ版 ちょっとだけこっそり素早く「言い返す」技術），日本三笠书房

32 [日]河野英太郎：《选择的力量》，北京联合出版有限公司

33 [日]小崎恭弘：《对男孩子而言真正响亮的叱责和表扬》（男の子の本当に響く叱り方ほめ方），日本昴舍社

34 [日]星涉：《沟通的方法》，中国青年出版社

35 [日]斋藤孝、安住绅一郎：《话语的力量》，海豚出版社

36 [日]野口敏：《好好回话》，北京联合出版有限公司

37 [日]阿川佐和子：《与其夸夸其谈，不如静心聆听》，四川文艺出版社

38 [日]小林康夫、船曳建夫（编）：《知识的技法：东京大学教养学部"基础练习"参考读本》（知の技法 東京大学教養学部「基礎演習」テキスト），日本东京大学出版会

39 [日]鸭头嘉人：《从来没人教过的公众发言秘诀》（今まで誰も教えてくれなかった人前で話す極意），日本

KAMO出版社

40 [日]及川幸久:《沟通方式的魔法:收集·识别·表达》(伝え方の魔術 集める見抜く表現する),日本KANKI出版

41 [美]戴尔·卡耐基:《卡耐基说话方法入门》(カーネギー話し方入門 文庫版),日本创元社

42 [日]野吕映志郎:《说话有趣者的法则》(「話のおもしろい人」の法則),日本ASCOM社

43 [日]中谷彰宏:《为什么他擅长在人前讲话》(なぜあの人は人前で話すのがうまいのか),日本钻石社

44 [日]鱼住理英:《只用一天连声音都会变好的说话教科书》(たった1日で声まで良くなる話し方の教科書),日本东洋经济新闻社

45 [古希腊]亚里士多德:《辩论术》(弁論術),日本岩波书店

46 [日]大石哲之:《靠谱》,江西人民出版社

47 [日]中谷彰宏:《面试达人》(面接の達人),日本钻石社

48 [日]樋口裕一:《一分钟就能搞定的说话方法》(たった1分でできると思わせる話し方),日本幻冬舍

49 [日]东山纮久:《专业咨询师的倾听技巧》(プロカウンセラーの聞く技術),日本创元社

50 [日]斋藤孝:《开口就能说重点》,北京联合出版有限公司

51 [日]三谷宏治:《快速传达重要信息的技巧》(一瞬で大

切なことを伝える技術),日本KANKI出版

52 [日]鹤野充茂:《聪明地说明"马上就好"的诀窍》(頭のいい説明「すぐできる」コツ),日本三笠书房

53 [日]和田裕美:《和田裕美讨人喜欢的说话方法》(和田裕美の人に好かれる話し方),日本大和书房

54 [日]户田久实(著)、岩井俊宪(监制):《高情商沟通:阿德勒告诉你情商高就是会说话》,江苏凤凰科学技术出版社

55 [日]阿川佐和子:《批评的力量》(叱られる力),日本文艺春秋

56 [日]金森贵子:《入职第一年的商务礼仪教科书》(入社1年目ビジネスマナーの教科書),日本PRESIDENT社

57 [日]福田健:《女人靠说话方式可以改变九成》(女性は「話し方」で9割変わる),日本经济界出版

58 [日]户塚隆将:《麦肯锡精英这样实践基本功》,中国友谊出版公司

59 [日]桦泽紫苑:《为什么精英这样沟通最高效》,湖南文艺出版社

60 [日]片田珠美:《成熟大人的回嘴艺术》,上海社会科学院出版社

61 [日]樱井弘(监制):《成年人想知道的说话方法速成手册》(大人なら知っておきたいモノの言い方サクッとノート),日本永冈书店

62 [日]小山升:《赚钱公司的沟通守则》(儲かる会社のコミュニケーションの鉄則),日本朝日新闻出版

63 [日]五百田达成:《如何跟不懂察觉的男人与不会解释的女人沟通》(察しない男 説明しない女 男に通じる話し方 女に伝わる話し方),日本Discover21社

64 [日]佐佐木圭一:《别让成功卡在说话上》,湖南文艺出版社

65 [日]五百田达成:《会聊天的人都这么聊》,东方出版社

66 [日]安田正:《超一流的聊天能力·实践篇》(超一流の雑談力 超実践編),日本文响社

67 [日]藤泽晃治:《通俗易懂的讲解技巧:最强演示汇报的15条准则》(「分かりやすい説明」の技術 最強のプレゼンテーション15のルール),日本讲谈社

68 [日]斋藤孝:《超级聊天术》,北京联合出版有限公司

69 [日]桥下彻:《谈判力:改变结果的沟通方法与思考方法》(交渉力 結果が変わる伝え方考え方),日本PHP研究所

70 [日]三浦崇宏:《言语力:用有效语言瞬间打动人心》,上海社会科学院出版社

71 [日]山口谣司:《给语言贫乏的社会人》(語彙力がないまま社会人になってしまった人へ),日本WANI图书

72 [日]斋藤孝:《十分钟引人入胜的说话技巧》(人を10分ひきつける話す力),日本大和书房

73 [日]平田织佐:《从难以理解到顺畅沟通》(わかりあえ

ないことから コミュニケーション能力とは何か),日本讲谈社

74 [日]佐佐木圭一:《所谓情商高,就是会说话》,北京联合出版有限公司

75 [日]诹内惠美:《有修养的人才知道的事》(「育ちがいい人」だけが知っていること),日本钻石社

76 [日]矢野香:《不一样的在线沟通术》(オンラインでの「伝え方」ココが違います),日本昴舍社

77 [美]杰伊·海因里希斯(著)、多贺谷正子(译):《修辞学 作为人生武器的说话技巧》(THE RHETORIC 人生の武器としての伝える技術),日本白杨社

78 [日]斋藤孝:《成年人的词汇力笔记》(大人の語彙力ノート),日本SB创意社

79 [日]高桥康二:《优美地说母语》(日本の大和言葉を美しく話す),日本东邦出版

80 [日]浅田英:《让讲解通俗易懂的诀窍》(「いまの説明、わかりやすいね!」と言われるコツ),日本日印出版

81 [日]池上彰:《通俗易懂的"传播"技术》(わかりやすく<伝える>技術),日本讲坛社

82 [日]小林昌平、山本周嗣、水野敬也:《让自己受欢迎的技巧》(ウケる技術),日本新潮社

83 [日]室木御寿司:《发言变更好:从演讲到汇报》(発表がうまくなる スピーチからプレゼンテーションま

で），日本旺文社

84 [日]岛村华子：《做温和而坚定的父母》，中信出版社
85 [日]山田子尼：《为什么你说话别人听不懂》（あなたの話はなぜ「通じない」のか），日本筑摩书房
86 [美]盖瑞·斯宾塞（著）、松尾翼（译）：《辩论绝对不输的方法》（議論に絶対負けない法），日本三笠书房
87 [日]户田久实：《不要老说气话啦》，文汇出版社
88 [德]芭芭拉·贝克汉（著）、濑野文教（译）：《恼人之话的瞬时应对法》（アタマにくる一言へのとっさの対応術），日本草思社
89 [日]明桥大二（著）、太田知子（绘）：《表扬批评都有道》，东方出版社
90 [日]DaiGo：《瞬间让对方说YES的心理战术》（一瞬でYESを引き出す心理戦略），日本钻石社
91 [日]梅田悟司：《语言表达第一课》，北京日报出版社
92 [日]金武贵：《为什么精英都是方法控》，湖南文艺出版社
93 [日]斋藤孝：《如何有效提问》，文化发展出版社
94 [日]斋藤孝：《评论的力量》（コメント力），日本筑摩书房
95 [日]寺田有希：《对峙的力量：与人自信共处的沟通术》（対峙力 誰にでも堂々と振る舞えるコミュニケーション術），日本跨媒体出版社
96 [日]佐藤昌弘：《把普通人变成最强推销员的魔法销售话术》（凡人が最強営業マンに変わる魔法のセールストーク），日本实业出版社

97 [日]阿部广太郎:《即使不做文案也要知道的抓住人心的超级语言技巧》(コピーライターじゃなくても知っておきたい心をつかむ超言葉術),日本钻石社

98 [日]山田子尼:《培养口才之书》(話すチカラをつくる本),日本三笠书房

99 [日]樋口裕一:《无论聪明与否都能用的辩解术》(頭がいい人、悪い人の<言い訳>術),日本PHP研究所

100 [美]奥巴马(述)、CNN English express(编):《对译奥巴马演讲集》(「対訳」オバマ演説集),日本朝日出版社

101 [日]福田健:《孩子靠说话方式可以改变九成》(子どもは「話し方」で9割変わる),日本经济界出版

102 [日]高田贵久:《精准表达》,江西人民出版社

103 [日]矢野香:《那样说话太轻飘飘了!管理者要提升的"公开演讲技巧"》(その話し方では軽すぎます! エグゼクティブが鍛えている「人前で話す技法」),日本昂舍社

结语1
话如其人

作为一个作家、编辑,我在出版的世界中已经浸润了三十年。随着我在语言的大海中不断地畅游,如今我强烈地意识到:"文如其人"。

因为文章会强烈地展现出写作者的思想和人格。

有人说:"说话是身体的写作。"所以,语言会展现出讲话者的人格、品位、心灵以及生活。

也有人说:"语言是心灵的使者。"语言可以自然地展现出一个人心中的所思所想。

比如,当我们在地铁上看到一个婴儿在哭,有的人会说:"好吵呀,别哭了。干吗要带着婴儿坐公共交通工具啊?孩子哭了父母要哄啊。赶紧下车吧。"

也有人会说:"孩子本来就是会哭的。我们的社会不能对孩子这么不宽容。希望我们的社会能成为大家一起养小孩的社会。"

同样是面对"婴儿在地铁上哭"这件事,每个人的理解和应对方式都不相同。而决定这件事的价值的,正是看到的人(说话的人)的心灵、内在和人生观。

用什么样的语言?用怎样的表达方式?要传达怎样的思想?这些选择,千人千面。

如果是焦虑的人,他的话就容易有攻击性。若是情绪平稳的人,他的话就会很温和。

当一个人用"浑蛋""蠢材""傻"等词语责问别人时,即使他的观点从道理上说是对的,我想对方仍然很难接受。

我以前创作的关于写作的书中提到:"在日常中培养丰富的内心。"

因为文章会自然地反映出一个人的思考、想法、性格等人格特征,所以建议大家:"在日常中涵养丰富的内心。"

而当我读完了100本口才类的畅销书后,我也突然意识到:"发言和写作,口头和笔头,虽然交流的方式不同,但在根源上,都是一种'沟通'。"

最重要的,仍是涵养内心。

在这100本口才类畅销书中,有一段话让我印象最深刻。

那是茶道家盐月弥荣子写的一篇文章。

"归根结底,'话如其人'。正是你那洋溢着温润人格的体贴话语,打动了对方的心灵。"[8]

即使你已经掌握了技巧,也不意味着你马上就可以滔滔不绝。真的想打动别人,靠的并不是话术,而是人格。

在提升说话水平之外,盐月弥荣子告诉我们,"诚信行事""真诚待人""考虑对方的心情"也很重要。

就像文章一样,"话如其人"。

一个亲切、柔和、心地温暖的人,即使他的表达方法有点儿稚嫩,也能吸引听众。

相反,一个不在乎别人的人,不管他的话术多么精巧,他也很快就会被孤立。

借用《朝日新闻》原记者辰浓和男的话说,就是:"终究,最重要的还是内在的深度。"

在日常生活中:"我们看到什么会笑?看到什么会哭?看到什么会欢喜?看到什么会愤怒?"

"我们学到了什么?知道了什么?注意到了什么?想到了什么?"

"我们喜欢什么?我们讨厌什么?"

正是这些心灵的精微之处,铸造了"我们自己的语言"。

"只要涵养内心,我们看待事物的方法就会改变,用词的方法也会改变,说话的方式也会改变。然后,我们的生活方式也就会改变。"

这就是100本口才类畅销书教会我的道理。

改变自己的说话方法,就是将自己的内在变得更好。

审视自己的说话习惯,就是重新审视自己的心灵。

希望这本书,能帮助正在看书的你,磨炼你的语言、你的口才以及你的心灵。

藤吉丰

结语2
没问题，我们都会变成口才好的人

我大概已经做了三十年的作家。

我的工作内容，简单地说，就是"听（采访）"和"写"。

二十多岁的时候，我在一家编辑制作公司工作，是一个初出茅庐的写作者。虽然我很喜欢"写作"，但非常不擅长"采访"。或许是因为我的提问方法太不成熟，甚至会发生受访者中途离开的情况。

唉！

难道我不适合写东西吗？

当时我是真的非常苦恼。

其实我这个人，从小就有怯场的毛病，面对众人或者遇见生人，我的大脑就会一片空白。

随着慢慢长大，这个状况多少有些改善，但即使进入社会开始工作，不擅长的事也终究还是不擅长。

我脑海中甚至有过这样的闪念：可能当作家，是个不太明智的职业选择吧。

但是我工作的地方，是一家极其忙碌的公司，活儿一个接着一个。我甚至没有时间停下来，于是就一边揣着烦恼，一边不断地采访，然后把一篇又一篇稿子写出来。

就是在这种情况下，有一天，一位行业前辈跟我说："只要好好做点儿准备，采访就没那么可怕啦。"

从那以后，每次采访前只要时间允许，我就会对受访者和采访话题做功课。的确，我的准备越多，心中的恐惧也就越少了。

因此，如果要在这本凝聚了口才达人们的智慧的书中，选出一个最有效的口才诀窍，对我而言，就是——

第21位：做准备。

从初出茅庐到今天已过去了三十年。今天的我，已经在"文道"（2018年和藤吉一起创建的教人写作的公司）开设的写作课上担任讲师，给大家公开授课。

如果现在的我，可以对二十岁时受访者中途离开、几乎要哭出来的自己说点儿什么，我想说的是：

"别怕，你的口才会变得更好的。"

如果此时看这本书的你，也和年轻时的我一样不善言辞，那么我也想将这句话送给你。

"说话是很快乐的。"

"文道"的写作课里也有教大家采访技巧的环节。最活跃的就是参加者互相采访的部分,大家叽叽喳喳、嘻嘻哈哈,再没有比这更热闹的时候了。

哪怕提问的一方时不时会卡住,也依然会面带微笑地问下去。

被提问的一方也会生动愉快地回答。

这让我深深地感到,"说话"是件很快乐的事啊。

在商业领域中,"说话"自然必不可少,而在日常生活中,它其实也不可或缺。如果能更好地表达,日常生活就会变得更有意思。

如果说,人生就是无数个日子连缀而成的,那么能更好地表达,就会让人变得快乐。

斋藤茂太在《好话缔造好人生》[30]的序言里,写了这样一段话:

"在我看来,成功的人生和不那么成功的人生的区别,就在于当我们回首过去,我们能不能马上说:'我很快乐。'"

在阅读口才类畅销书的过程中,我感受到的就是"技巧的丰富多彩"。比方说,的确有很多书都写到了"点头很重要"。

但是,说到其中的注意事项,口才达人们就见仁见智,各说各的独门秘籍。而这本书,就是将它们统一做了个总结。

希望你能找到"这个我能做到!"的诀窍,一条也好,两条也行,把它记住。然后:

"享受说话的快乐。"

"对工作产生帮助。"

"享受人生的幸福。"

感谢你,一直读到最后。

小川真理子

(全书完)

这样说话就对了：40个实用沟通技巧

作者_[日]藤吉丰、小川真理子　　译者_夏言

产品经理_孙雪净　　装帧设计_肖雯　　产品总监_阴牧云
技术编辑_白咏明　　责任印制_杨景依　　出品人_贺彦军

果麦
www.guomai.cn

以 微 小 的 力 量 推 动 文 明

图书在版编目（CIP）数据

这样说话就对了：40个实用沟通技巧 /（日）藤吉丰,（日）小川真理子著；夏言译. -- 成都：四川文艺出版社, 2024.4（2024.7重印）
ISBN 978-7-5411-6921-2

Ⅰ.①这… Ⅱ.①藤… ②小… ③夏… Ⅲ.①口才学—通俗读物 Ⅳ.① H019-49

中国国家版本馆CIP数据核字（2024）第059923号

HANASHIKATA NO BEST SELLER 100 SATSU NO POINT WO 1 SATSU NI MATOMETE MITA written by Yutaka Fujiyoshi, Mariko Ogawa
Copyright © 2021 by Yutaka Fujiyoshi, Mariko Ogawa
All rights reserved.
Originally published in Japan by Nikkei Business Publications, Inc.
Simplified Chinese translation rights arranged with Nikkei Business Publications, Inc.
through Copyright Agency of China ltd.

图进字21-24-025号

ZHEYANG SHUOHUA JIU DUI LE: 40 GE SHIYONG GOUTONG JIQIAO

这样说话就对了：40个实用沟通技巧
[日]藤吉丰　小川真理子　著
夏言　译

出 品 人	冯　静
责任编辑	王思鈜
责任校对	段　敏
出版发行	四川文艺出版社（成都市锦江区三色路238号）
网　　址	www.scwys.com
电　　话	021-64386496（发行部）　028-86361781（编辑部）
印　　刷	北京世纪恒宇印刷有限公司
成品尺寸	140mm×200mm
开　　本	32开
印　　张	7.25
字　　数	150千
版　　次	2024年4月第一版
印　　次	2024年7月第二次印刷
印　　数	6,001—11,000
书　　号	ISBN 978-7-5411-6921-2
定　　价	49.00元

版权所有　侵权必究。如发现印装质量问题，影响阅读，请联系021-64386496调换。